+ Des outils utiles et intuitifs :

- sommaire interactif
- surlignage en couleurs
- notes personnelles et marque-page.

Pour ACTIVER votre livre en ligne

- Rendez-vous sur www.nathan.fr/livre-en-ligne .
- Créez un compte **Nathan** en suivant les indications en ligne OU connectez-vous simplement avec vos identifiant et mot de passe **Facebook** si vous disposez déjà d'un compte **Facebook**.
- Cliquez sur « Activer un livre », saisissez votre clé d'activation personnelle puis le mot du livre qui vous sera demandé.

Votre clé d'activation personnelle :

8EDSK5-E5J-B24G

Pour toute CONNEXION ULTÉRIEURE

Connectez-vous sur www.nathan.fr/livre-en-ligne avec vos identifiants **Nathan** OU **Facebook**.

IMPORTANT

Votre clé d'activation est unique et personnelle : une fois utilisée, elle ne sera plus valide. Elle offre un accès de 24 mois à compter de la date d'activation. Elle est réservée à un seul utilisateur et ne peut être partagée.

Configuration minimale requise : Internet Explorer 8, Mozilla Firefox 3.4, Chrome, Safari, Opera toutes versions.

Retrouvez les conditions générales d'utilisation sur www.nathan.fr/livre-en-ligne.

*Service disponible à partir du 29 janvier 2018.

Réussir l'entretien avec le jury 978-2-09-164997-9

CATÉGORIES A, B et C

INTÉGRER LA FONCTION PUBLIQUE

Concours

Réussir l'entretien avec le jury

Préparation à l'épreuve

Sous la direction de Pascal Tuccinardi
Formateur au CNFPT (Centre national de la fonction publique territoriale)
Auteur des parties 3, 4, 5, 6, 7 et 10

Adeline Munier
Enseignante et journaliste
Auteur des parties 1, 2, 8 et 9

cap carrieres-publiques.com

Nathan

SOMMAIRE

SOMMAIRE

Les épreuves orales constituent une « figure imposée » de la phase d'admission des concours et examens professionnels. Il est d'usage de distinguer les épreuves techniques portant sur une matière et un programme prédéterminés (destinées à vérifier l'acquisition de connaissances), des épreuves d'entretien cherchant à apprécier l'ouverture d'esprit du candidat, sa connaissance du monde qui l'entoure, sa personnalité, ses capacités professionnelles et sa motivation.

Cet ouvrage ne traite que des seules épreuves d'entretien, particulièrement redoutées des candidats qui ne savent pas toujours à quoi s'attendre de la part du jury ni comment se préparer efficacement.

Pour vous permettre de ne pas subir passivement l'épreuve et d'impressionner favorablement le jury, cet ouvrage vous propose une série de fiches, d'apports méthodologiques et de connaissances concernant chaque moment-clé de cet oral. L'ensemble vous offrira, sinon une maîtrise totale, du moins une approche plus sereine de l'épreuve.

La nature de l'épreuve

Deux modalités distinctes

De multiples libellés se retrouvent dans les textes réglementaires organisant les concours et examens. Au-delà de cette diversité, deux types d'épreuves dominent cet oral.

- **La conversation avec le jury : une épreuve de culture générale**

Il s'agit d'une conversation avec le jury à partir d'un texte ou d'une citation de portée générale tiré au sort, permettant d'apprécier les qualités de réflexion et les connaissances du candidat. Les textes réglementaires ajoutent souvent que cette conversation vise également à apprécier sa motivation et ses aptitudes à exercer les missions dévolues au corps ou cadre d'emplois.

Dans cette hypothèse, le candidat dispose d'un temps de préparation égal au temps de présence devant le jury (généralement 20 à 30 minutes selon le concours). Il compose préalablement sur un thème de culture générale et dispose ainsi d'un support écrit pour sa prestation.

- **L'entretien avec le jury : une épreuve professionnelle**

Deux libellés traditionnels encadrent cette épreuve selon le type de concours ou d'examen présenté.

Il peut s'agir d'un entretien ayant pour point de départ un exposé du candidat sur son expérience professionnelle et les compétences qu'il a acquises à cette occasion, destiné à apprécier ses capacités d'analyse et de réflexion ainsi que sa motivation à exercer les missions dévolues au corps ou cadre d'emplois.
Il peut s'agir également d'un entretien visant à apprécier, le cas échéant sous forme d'une mise en situation professionnelle, l'expérience du candidat et son aptitude à exercer les missions dévolues au cadre d'emplois ainsi que sa connaissance de l'environnement professionnel dans lequel il sera appelé à exercer ses fonctions.
Dans cette seconde hypothèse, l'entretien est clairement orienté sur la dimension professionnelle. Il peut être soit à bâtons rompus dès le début de l'épreuve (concours externe), soit précédé d'un exposé du candidat (5 à 30 minutes selon le concours ou l'examen professionnel présenté), exposé non interrompu par le jury (concours interne, troisième concours et examens professionnels). Le candidat, dans ce cadre, ne dispose d'aucun support écrit et doit avoir en conséquence préalablement préparé et appris son exposé.
Dans le cadre des réformes de la fonction publique et pour rompre avec le caractère jugé trop académique des concours, l'épreuve de conversation est – et devrait être – de plus en plus remplacée par l'épreuve d'entretien professionnel. Seraient ainsi priorisées les motivations, les compétences, les aptitudes à exercer les fonctions plutôt que les connaissances, la culture générale du candidat.

Une approche commune

• Des épreuves sans programme prédéfini

Cette absence de programme, donc cette incertitude sur le champ des connaissances à maîtriser, est souvent vécue avec appréhension par nombre de candidats qui n'ont pas ce sentiment de sécurité que peut procurer un programme strictement défini. De fait, cette situation constitue une réelle opportunité.
Quels que soient le libellé réglementaire de l'épreuve et ses modalités, l'épreuve d'entretien représente avant tout un test de communication et non un interrogatoire pour vérifier l'acquisition de connaissances, même si les vastes champs de la culture générale, de l'actualité pourront être abordés.

• Un dialogue destiné à « séduire » son auditoire

Passé le temps de l'exposé préalable (si exposé il y a), s'engage, sur la base d'un jeu de questions-réponses, une discussion ouverte. Le jury pourra vous poser des questions en relation avec l'exposé (permettant de compléter certains points, de nuancer éventuellement des propos précédents), chercher à vérifier vos connaissances, ou tester votre réaction face à des situations professionnelles que vous pourriez être amené à rencontrer dans votre environnement

professionnel. Même si ses questions vous semblent totalement déconnectées, elles ont toutes un même objectif : découvrir l'homme ou la femme derrière le candidat. Il s'agit alors de ne pas considérer le jury comme un ennemi cherchant systématiquement la faille dans vos réponses ou votre raisonnement. Recevez positivement les questions, considérez-les comme une volonté de relancer la conversation, d'aider à la découverte de votre personnalité.
Au cours de l'échange, vous devez ainsi, par votre comportement et vos réponses, convaincre et séduire les membres du jury. Marquer positivement le jury est un atout indéniable lors des harmonisations de fin de journée, quand il s'agit de se souvenir des prestations des différents candidats.

- **Un entretien de recrutement**

Au-delà de votre aptitude à répondre aux questions posées, c'est votre comportement général, en tant que personne et en tant que futur fonctionnaire qui va être examiné. Par ses questions, le jury s'attache à vous connaître, à apprécier votre personnalité, vos qualités, votre potentiel professionnel et vos aptitudes aux fonctions postulées.
Le jury ne va, au final, se poser qu'une seule question fondamentale : aurait-il envie de travailler avec vous ? Il s'agit ainsi d'un véritable entretien de recrutement par un employeur, et vous devez l'appréhender comme tel en cherchant à donner envie aux membres du jury de faire de vous leur futur collaborateur.

Les attentes du jury

La composition du jury

Cette composition dépend bien évidemment des concours et examens présentés, le nombre pouvant varier de 3 à plus de 10 personnes. Ainsi dans la fonction publique d'État, les jurys sont essentiellement composés de fonctionnaires de catégorie A ou B selon le niveau du concours. Dans la fonction publique territoriale, les jurys comportent traditionnellement trois catégories de membres : des élus locaux, des fonctionnaires et des personnalités qualifiées (souvent des membres de l'enseignement, des formateurs).
Lors de l'entretien, il se peut que le candidat soit interrogé par l'ensemble du jury. Fréquemment, en raison du nombre de candidats à interroger, le jury se constitue en groupes d'examinateurs avec au minimum un membre du jury auquel sont adjointes des personnalités qualifiées.
La composition du jury fait l'objet d'une publication officielle (*Bulletin officiel* du ministère ou du centre de gestion organisateur). Procurez-vous ce document qui vous renseignera ainsi sur la qualité, les fonctions des personnes appelées à vous interroger.

Les capacités recherchées, évaluées

Le jury va s'intéresser au contenu de votre discours, mais aussi à la manière dont vous vous exprimez et vous comportez au cours de l'entretien. Plusieurs qualités sont ainsi particulièrement appréciées, qui, combinées les unes aux autres, vont permettre de dégager un profil de votre personnalité, de vos potentialités professionnelles et de vos motivations.

- **Les qualités intellectuelles**

Il s'agit ici de prouver vos capacités à analyser une question, une situation pour mieux y faire face, à construire un discours synthétique, rigoureux, argumenté et structuré permettant de défendre un point de vue même confronté à une opposition. Le jury appréciera en outre votre vivacité d'esprit, votre aptitude à rebondir et à élargir les questions posées, votre capacité à exprimer et à défendre une opinion personnelle voire originale.

- **Les aptitudes à communiquer, à dialoguer**

La qualité de la communication avec le jury est bien évidemment essentielle. La maîtrise de la langue (richesse du vocabulaire, respect de la syntaxe) et des techniques d'expression orale (intonation, débit, gestuelle), la démonstration d'une capacité à s'exprimer avec clarté, précision et concision seront des atouts indéniables. En outre, le jury testera votre capacité d'écoute et de réaction dans une situation donnée, votre capacité à maîtriser votre émotivité, voire votre agressivité devant les questions parfois déstabilisantes de ses membres.

- **Les connaissances, les aptitudes professionnelles**

Les seules connaissances ne constituent pas la garantie de réussite. Un savoir encyclopédique ne prouvant qu'une aptitude à la mémorisation n'intéresse pas le jury. Ce qui va éveiller son attention, c'est votre capacité à faire preuve de réflexion personnelle et à démontrer un réel intérêt pour le monde qui vous entoure en tant que citoyen et fonctionnaire (actuel ou futur), votre connaissance concrète de l'environnement professionnel, de ses opportunités et de ses contraintes. Plus que l'étendue de votre savoir, c'est l'ouverture d'esprit et la curiosité qui seront ici particulièrement appréciées.

La gestion de la préparation

Se préparer bien en amont

Une préparation pertinente ne débute pas après les résultats de l'écrit. Elle suppose un effort régulier situé bien en amont de l'épreuve d'entretien. Une préparation conjointe, en complément de l'écrit, sera un gage d'efficacité au regard de la complémentarité des épreuves.

L'entretien professionnel peut, notamment lorsqu'il comporte un exposé préalable de votre expérience, vous apparaître comme une épreuve sans difficulté particulière, reposant sur la simple validation d'acquis, d'une expérience professionnelle. Il s'agit d'une fausse sécurité pouvant conduire à une prestation désastreuse ne correspondant pas aux attentes du jury.

S'informer

- **Connaître les spécificités de l'épreuve**

Recherchez les **rapports de jury** : souvent diffusés sur Internet, ils donnent d'utiles éclairages sur les attentes des jurys à travers leurs commentaires sur les prestations des candidats des précédentes sessions.
Tirez profit de **retours d'expérience** en cherchant à rencontrer des personnes ayant déjà été confrontées à cette épreuve ou en allant sur les forums d'Internet (exemple : *www.forum-concours.cap-public.fr*). Vous pouvez également demander à assister à un oral, droit souvent méconnu des candidats.

- **Suivre l'actualité**

La connaissance de l'actualité est un atout essentiel à toute réussite dans ce type d'épreuve. Il s'agit de compléter, de mettre à jour vos connaissances mais en ne vous limitant pas aux données factuelles illustratives. Il faut donner du sens aux faits, réfléchir sur leur portée, faire preuve de capacités de recul, de réflexion, de mise en perspective. Ainsi, en septembre 2017 le Gouvernement a adopté cinq ordonnances réformant le code du travail. Dans le cadre de la préparation d'un concours ou d'un examen, il convient de ne pas se limiter à la seule connaissance technique des dispositions législatives ou réglementaires. Vous devrez en particulier être capable de replacer ces évolutions du droit du travail dans leur contexte (élection présidentielle, relance de la croissance). Vous devrez également être en mesure de préciser par exemple la notion d'ordonnance, la teneur des débats autour de la dépossession du Parlement de son pouvoir législatif, le rôle et la place du dialogue social dans la définition des normes juridiques.
L'actualité européenne au cours de cette année 2017 a été encore marquée par les débats sur l'accueil des réfugiés. Au-delà des simples chiffres et données bruts sur l'origine ou le sort de ces migrants, plusieurs questions peuvent susciter la réflexion, orienter le questionnement des examinateurs : les raisons de ces migrations, la capacité de l'Union européenne à se doter d'une politique commune dans ce domaine, la distinction entre intégration et assimilation.
Vous choisirez bien sûr de prioriser les thèmes en rapport avec le concours ou examen présenté en ne négligeant en aucun cas l'actualité de l'administration organisatrice du concours.

Sur le plan des sources, privilégiez pour ce suivi les programmes d'information, les documentaires, plutôt que les séries ou films ! Une mémorisation par l'écriture viendra compléter la mémoire visuelle (lectures et télévision) et auditive (radio). **Rédigez des fiches en sélectionnant des thèmes de réflexion**, donnant matière à débat, à discussion : limitez-en le volume à deux pages maximum en mentionnant non de vagues généralités, mais des idées essentielles pour vous habituer à la synthèse, la concision et la précision des propos. Enfin, n'oubliez pas de vous interroger sur votre position, votre réflexion personnelle sur les points en débat.

Plutôt que de chercher à les apprendre par cœur, faites-en une lecture régulière qui vous permettra à l'occasion d'apporter les compléments ou corrections nécessaires.

N.B. : pour apprendre à réagir, en toutes circonstances et sur tous les sujets, prenez l'habitude « d'improviser » chaque jour sur un thème d'actualité en vous efforçant d'exprimer un discours argumenté.

REMARQUE

Quelques sources incontournables

– www.vie-publique.fr : le site de l'actualité des pouvoirs publics comportant également des dossiers de synthèse sur les politiques publiques ;

– www.ladocumentationfrançaise.fr : des dossiers d'actualité sur des thèmes de culture générale, nationaux et internationaux.

Réaliser des simulations

• Outre l'intérêt d'une évaluation en situation, ces simulations serviront à **dédramatiser l'épreuve en vous la rendant plus familière**. N'oubliez pas qu'il s'agit avant tout d'une épreuve de communication, d'un échange au cours duquel votre parole, votre comportement et vos réactions vont être analysés. Savoir détecter ses défauts, ses tics de langage ou gestuels permet ensuite de les corriger par un entraînement régulier : maîtriser son corps, améliorer sa voix, dominer son impulsivité, cela s'apprend, se travaille.

• **Lisez à haute voix un texte :** enregistrez-vous pour apprécier votre débit, votre intonation, et rendre ensuite votre voix plus intelligible et plus affirmée.

• **Sollicitez des proches pour jouer le rôle d'un jury :** un jury fictif mais se prenant au jeu, avec vouvoiement, pouvant poser des questions déstabilisantes, vous mettre en difficulté. Cette mise en situation doit se faire dans les conditions de l'épreuve, notamment en termes de durée. Vous apprendrez ainsi à

maintenir votre concentration pendant toute la durée de l'épreuve et à maîtriser votre comportement en situation difficile.
L'idéal est de vous filmer et de faire ensuite une évaluation collective pour disposer du regard des autres sur votre prestation. Si vous en avez l'occasion, jouez également le rôle de membre de jury. Vous pourrez ainsi observer le candidat en pensant à ce que vous auriez fait ou dit à sa place, vous constaterez que ce sont les réponses qui suscitent les questions et appréhenderez avec un autre regard les questions du jury.

- **Ne négligez pas l'observation et l'analyse du comportement du personnel politique à la télévision ou à la radio.** Sans rechercher des modèles, les qualités et défauts (!) des ministres, parlementaires, dirigeants de partis ou de syndicats pourront vous inspirer.

Anticiper les questions

Compte tenu de la finalité et du mode de déroulement de l'épreuve, vous devez impérativement préparer votre prestation en anticipant sur les questions susceptibles d'être posées et en réfléchissant aux informations pouvant intéresser un futur employeur. Interrogez-vous pour savoir ce que vous répondriez aux questions ci-dessous, puis comparez avec les éléments de méthode fournis dans les fiches de l'ouvrage. Vous pourrez ainsi compléter et/ou modifier vos réponses en conséquence.
Cette liste est loin d'être exhaustive. Elle recense cependant de nombreuses questions transversales pouvant être posées quel que soit le type de concours ou d'examen. Il vous revient de la compléter en tenant compte des caractéristiques de l'administration d'emploi et des fonctions postulées.
Les fiches de cet ouvrage vous fournissent des éléments de réponse mais sans prétendre épuiser la question. C'est à chacun de faire la démarche pour lui-même, ce qui constitue un excellent exercice de préparation au concours. Il ne s'agit en aucun cas d'apprendre par cœur un discours. Vous devez vous approprier les indications proposées et les personnaliser tout en gardant une part de spontanéité dans vos réponses.
Rappel : un site pour bénéficier des retours d'expérience **www.forum-concours.cap-public.fr**

Votre profil, votre personnalité

- Quel est votre cursus scolaire et professionnel (ou Pouvez-vous vous présenter en 2 minutes) ?
- Quel est le dernier article de presse ou livre lu, le dernier film ou spectacle vu ?
- Quels sont vos principaux défauts et/ou qualités ?
- Quelles sont vos valeurs ?
- Préférez-vous travailler seul ou en équipe ?
- Parlez-nous de votre région d'origine.
- Quels sont vos loisirs ?
- Quel est le fait récent de l'actualité qui vous a le plus intéressé ?
- Que ferez-vous dans 10 ans ?

Ces questions désarçonnent parfois d'autant plus que le candidat pense, à tort, qu'elles touchent à des domaines presque privés qui n'ont pas à être pris en compte dans une évaluation de ce type. Elles peuvent même parfois concerner la famille. Or, même apparemment déconnectées du champ professionnel, elles y reviennent malgré tout. Elles attendent des réponses où le candidat dévoilera les aspects de sa personnalité qui entrent en phase avec ses futures fonctions : capacité de recul, affirmation de soi, opiniâtreté, optimisme, maîtrise, humour...

Votre connaissance concrète de l'environnement, votre intérêt pour le milieu professionnel, votre motivation

- Qu'est-ce que la fonction publique d'État, territoriale ou hospitalière ?
- Quelles sont les principales missions, compétences du ministère de la Culture, d'une commune... ?
- Qu'est-ce qu'un adjoint, un animateur, un attaché... ?
- Que signifie pour vous l'expression « service public » ?
- Quels sont les principaux droits et obligations des fonctionnaires ?
- Qu'est-ce qu'un fonctionnaire ?
- Pourquoi souhaitez-vous devenir fonctionnaire ?
- Pourquoi ce choix de la fonction publique d'État (ou territoriale ou hospitalière) ?
- Que recherchez-vous en passant le concours de... ?
- Pouvez-vous citer deux réformes récentes ayant affecté l'administration (concernée par le concours ou l'examen) ?

Outre la nécessité d'avoir préalablement réfléchi à vos motivations, il s'agit de prouver que vous vous intéressez à votre futur ou actuel employeur, que vous faites preuve d'une ouverture à des réalités qui dépassent votre environnement quotidien.

Vos aptitudes professionnelles, vos capacités à exercer les missions

- Comment réagir face à un usager agressif ?
- Que feriez-vous si vous étiez confronté à un collègue (un subordonné) manifestement incompétent ?
- Quelles sont les qualités humaines et professionnelles nécessaires à l'exercice des fonctions de... ?
- Quelles sont les qualités requises pour encadrer ?
- Quels sont les enjeux de la gestion des ressources humaines ?
- Un supérieur a-t-il toujours raison ?
- Quelles sont les conditions d'une administration performante ?

Les aptitudes professionnelles sont souvent appréciées à partir de cas pratiques, de situations de travail susceptibles d'être rencontrées dans l'exercice des fonctions. S'agissant des candidats au concours externe, ce n'est pas la pratique qui sera évaluée mais la perception des fonctions qui pourront leur être confiées, l'intérêt manifesté pour les fonctions à remplir.

Le jour de l'épreuve

- **Ne changez pas vos habitudes de vie** : si vous n'avez pas l'habitude de vous lever tôt, mieux vaut prévoir de réserver une chambre d'hôtel à proximité.

- **Détendez-vous dans les instants qui précèdent** : pratiquez la pensée positive et en tout état de cause, ne révisez pas comme un forcené le dernier jour ou la veille. Laissez votre cerveau se reposer en paix.

- **Arrivez à la bonne heure** : ni trop en avance, l'attente peut se révéler stressante, ni trop tardivement (n'augmentez pas votre stress en devant opérer une course contre la montre pour arriver à l'heure).

- **Prévoyez une alimentation et une boisson** : il arrive souvent que les convocations aient prévu une marge horaire importante et/ou que les jurys prennent du retard : une bouteille d'eau peut également être très utile pendant l'épreuve s'il vous arrive d'avoir la gorge sèche (demandez cependant l'autorisation au jury !).

- N'oubliez pas de vous munir de la **convocation** et d'une **pièce d'identité** valide.

- **Prévoyez deux stylos** (un incident technique est toujours possible) **et quelques feuilles de prise de notes** : celles-ci vous seront utiles pour les épreuves sans temps de préparation.

Effectuez ce test puis consultez les réponses pour connaître vos forces et vos faiblesses.
Pour chaque question, cochez la réponse qui vous semble exacte.

1 Le jour de l'entretien, je choisis des vêtements correspondant :

- ☐ A à ma personnalité, quelle qu'elle soit.
- ☐ B à l'impression que je veux produire sur le jury.
- ☐ C à la tenue que tout fonctionnaire se doit de porter.

2 Lors de mon entrée dans la salle :

- ☐ A je dis bonjour à chacun des membres du jury.
- ☐ B je serre la main de chacun des membres du jury.
- ☐ C je dis bonjour à l'ensemble du jury en regardant chaque membre.

3 À la fin de l'entretien :

- ☐ A je quitte la salle en fermant la porte pour laisser au jury le temps de délibérer avant l'entrée du candidat suivant.
- ☐ B je quitte la salle en me retournant à la porte pour prendre congé.
- ☐ C je questionne le jury sur le sens d'une question posée.

4 Pendant l'entretien, pour me détendre :

- ☐ A je regarde le plafond.
- ☐ B je change discrètement de posture.
- ☐ C je me passe la main dans les cheveux.

5 Les tics verbaux, les gestes parasites peuvent nuire à l'efficacité du discours.

- ☐ A Vrai
- ☐ B Faux

6 Pour m'exprimer :

- ☐ A je recours fréquemment aux sigles.
- ☐ B je privilégie les phrases courtes.
- ☐ C j'utilise mon langage habituel.

7 **Pour rendre audible ma parole :**

☐ **A** j'élève constamment la voix.
☐ **B** je prévois quelques silences dans mon exposé.
☐ **C** j'insiste sur les fins de phrase.

8 **Pendant l'entretien :**

☐ **A** mes mains doivent rester immobiles.
☐ **B** mes mains peuvent être posées sur mes genoux.
☐ **C** mes mains doivent ponctuer mon expression.

9 **Pendant l'entretien :**

☐ **A** j'avance mon siège pour être plus proche de la table d'examen.
☐ **B** je pose ma montre sur un coin de table pour maîtriser le temps.
☐ **C** je pose mon sac sur la table pour pouvoir éventuellement prendre un objet.

10 **Pendant l'entretien, l'un des membres du jury baille.**

☐ **A** Je m'interromps en lui demandant si mes propos l'ennuient.
☐ **B** J'en déduis que mes propos sont sans intérêt.
☐ **C** Je ne tiens pas compte de cette réaction et continue mon exposé.

11 **Une question fermée n'appelle qu'une réponse courte.**

☐ **A** Vrai
☐ **B** Faux

12 **Pendant l'énoncé de la question :**

☐ **A** je réfléchis à la réponse que je vais faire.
☐ **B** je priorise la phase d'écoute.
☐ **C** je me demande pourquoi cette question m'est posée.

13 **Lors de réponses à des questions polémiques sur un sujet sensible :**

☐ **A** je dis franchement ce que je pense même s'il s'agit d'une position extrémiste.
☐ **B** j'exprime mon point de vue en gommant mes positions extrémistes.
☐ **C** j'évite de m'engager.

14 **Le jury me demande de prendre position sur un point en débat.**

☐ **A** Je me limite à ma position personnelle.
☐ **B** Je complète ma position personnelle par une réfutation des arguments pouvant m'être opposés.
☐ **C** Je cherche à présenter l'ensemble des arguments et données favorables à ma thèse.

15 Lors de mon exposé préalable :

- ☐ A je dois utiliser tout le temps qui m'est imparti.
- ☐ B je peux légèrement dépasser le temps qui m'est imparti.
- ☐ C j'ai intérêt à fortement limiter mon temps de parole pour ne pas risquer de commettre des erreurs.

16 Je ne dois pas avouer une ignorance lors de l'entretien.

- ☐ A Vrai
- ☐ B Faux

17 Confronté à une question provocante :

- ☐ A je prends le temps de la réflexion.
- ☐ B je signale à l'interrogateur qu'elle n'a aucun rapport avec l'épreuve.
- ☐ C je refuse de répondre.

18 Confronté à plusieurs questions successives, en rafales :

- ☐ A je choisis systématiquement de répondre dans l'ordre des questions posées.
- ☐ B je choisis l'ordre de mes réponses.
- ☐ C j'en profite pour ignorer une question embarrassante.

19 Un membre du jury m'interrompt constamment lors de mes réponses.

- ☐ A Je lui fais remarquer que j'ai écouté ses questions sans l'interrompre.
- ☐ B Je marque par mon attitude mon irritation pour le lui faire comprendre.
- ☐ C Je ne me laisse pas perturber par ce comportement.

20 Le jury laisse le silence s'installer.

- ☐ A J'attends un instant et je reprends la parole.
- ☐ B J'attends la prochaine question du jury.
- ☐ C Je leur demande s'ils n'ont plus de questions à poser.

21 Le jury critique les propos que je viens de tenir.

- ☐ A J'ignore ces critiques pour ne pas me laisser perturber.
- ☐ B Je peux demander au jury de préciser sa critique.
- ☐ C Je modifie ma position en conséquence.

22 Le jury me fait remarquer une erreur dans mes propos.

- ☐ A Je corrige immédiatement mon erreur.
- ☐ B Je corrige mon erreur en expliquant son origine.
- ☐ C J'ignore la remarque pour ne pas relancer la conversation sur ce thème.

23 Un membre du jury est particulièrement agressif à mon égard.

- ☐ **A** Je lui réponds sur le même ton.
- ☐ **B** Je me demande pourquoi il m'en veut.
- ☐ **C** Je lui réponds sur le fond en choisissant d'ignorer son agressivité.

24 La préparation de la présentation du parcours professionnel :

- ☐ **A** peut inclure la mention des périodes de formation.
- ☐ **B** doit inclure la mention des périodes de formation.

25 La présentation du parcours professionnel :

- ☐ **A** peut inclure un développement sur les motivations et le projet professionnel.
- ☐ **B** doit inclure un développement sur les motivations et le projet professionnel.

26 L'absence de diplôme est systématiquement perçue comme un facteur négatif.

- ☐ **A** Vrai
- ☐ **B** Faux

27 Lors de l'entretien, je dois être en mesure de :

- ☐ **A** présenter un projet professionnel précis.
- ☐ **B** présenter un projet professionnel incluant la mobilité.
- ☐ **C** présenter un projet professionnel à long terme.

28 Lors de la présentation de mes qualités et défauts :

- ☐ **A** je présente l'ensemble de mes qualités.
- ☐ **B** je présente l'ensemble de mes défauts.
- ☐ **C** je sélectionne des qualités et défauts en rapport avec l'emploi postulé.

29 Pour expliquer ma candidature, je mets en avant :

- ☐ **A** la sécurité d'emploi.
- ☐ **B** la possibilité d'exercer des missions variées.
- ☐ **C** les garanties de carrière.

30 Pour prouver sa motivation, il est préférable de connaître l'organigramme de l'administration d'emploi.

- ☐ **A** Vrai
- ☐ **B** Faux

31 **Pour prouver ses aptitudes à exercer les fonctions, il est préférable de connaître le statut particulier du corps ou cadre d'emplois auquel on postule.**

☐ **A** Vrai
☐ **B** Faux

32 **Les exercices de mise en situation professionnelle sont réservés aux candidats des concours internes et examens professionnels.**

☐ **A** Vrai
☐ **B** Faux

33 **MAP signifie :**

☐ **A** mission administrative prioritaire.
☐ **B** modernisation de l'action publique.
☐ **C** modernisation de l'administration publique.

34 **Cherchez l'intrus.**

☐ **A** Préfet
☐ **B** Ministre
☐ **C** Président du Conseil départemental

35 **Le service public se définit comme une activité d'intérêt général gérée :**

☐ **A** exclusivement par une personne publique.
☐ **B** par une personne publique ou privée.
☐ **C** exclusivement par l'État.

36 **Le principe de continuité du service public :**

☐ **A** permet la réquisition des fonctionnaires en cas de grève et de trouble grave à l'ordre public.
☐ **B** interdit le droit de grève aux fonctionnaires.
☐ **C** oblige le service public à fonctionner 24/24 heures.

37 **Cherchez l'intrus.**

☐ **A** Arrêté
☐ **B** Décret
☐ **C** Loi

38 **La Constitution de la Ve République :**

☐ **A** date de 1958.
☐ **B** doit respecter le droit européen.
☐ **C** a fait l'objet d'importantes modifications en 2009.

39 **Le nombre d'agents relevant de la fonction publique est d'environ :**

- ☐ **A** 3 millions.
- ☐ **B** 5 millions.
- ☐ **C** 8 millions.

40 **Un fonctionnaire est titulaire :**

- ☐ **A** de son corps ou cadre d'emplois.
- ☐ **B** de son grade.
- ☐ **C** de son emploi.

41 **La formation :**

- ☐ **A** est un droit.
- ☐ **B** est une obligation.
- ☐ **C** est un droit et une obligation.

42 **Cherchez l'intrus.**

- ☐ **A** Liberté d'opinion
- ☐ **B** Droit syndical
- ☐ **C** Garantie d'emploi

43 **Un fonctionnaire peut être sanctionné sur le plan disciplinaire pour des faits commis en dehors du service.**

- ☐ **A** Vrai
- ☐ **B** Faux

44 **Le devoir de réserve :**

- ☐ **A** interdit la révélation d'informations concernant les agents du service.
- ☐ **B** interdit l'expression d'opinions critiques en des termes violents, excessifs.
- ☐ **C** interdit de porter un signe distinctif (religieux, syndical…) pendant le temps de service.

45 **L'impôt principal alimentant le budget de l'État est :**

- ☐ **A** la TVA.
- ☐ **B** l'impôt sur le revenu.
- ☐ **C** l'impôt sur les grandes fortunes.

46 **Les collectivités territoriales et leurs établissements publics réalisent environ :**

- ☐ **A** le tiers des investissements publics.
- ☐ **B** la moitié des investissements publics.
- ☐ **C** les trois quarts des investissements publics.

47 **GPEC signifie :**

☐ **A** gestion prévisionnelle des emplois et des compétences.
☐ **B** gestion prospective de l'État et des collectivités.
☐ **C** gestion prévisionnelle des études et des collectivités.

48 **Chercher l'intrus.**

☐ **A** Métier
☐ **B** Compétence
☐ **C** Grade

49 **Le compte personnel de formation permet d'acquérir :**

☐ **A** 20 h de droit à formation par an.
☐ **B** 24 h de droit à formation par an.
☐ **C** 30 h de droit à formation par an.

50 **Le traitement d'un fonctionnaire est fonction de :**

☐ **A** son statut.
☐ **B** sa valeur professionnelle.
☐ **C** sa productivité.

51 **Un agent de catégorie C peut exercer des fonctions d'encadrement.**

☐ **A** Vrai
☐ **B** Faux

52 **Un cadre A peut n'exercer aucune fonction d'encadrement.**

☐ **A** Vrai
☐ **B** Faux

Réponses

Après chaque réponse est indiquée la fiche à consulter en priorité pour combler vos lacunes.

1 Réponse **B** : à l'impression que je veux produire sur le jury.

Il n'existe pas de tenue type, mais il est préférable d'éviter de porter des vêtements et/ou accessoires susceptibles de heurter les membres du jury.

→ VOIR FICHE « COMMENT VOUS HABILLER ? », P. 26.

2 Réponse **C** : je dis bonjour à l'ensemble du jury en regardant chaque membre.

Il est inutile de vouloir saluer chaque membre du jury.

→ VOIR FICHE « COMMENT RÉUSSIR VOTRE ENTRÉE DANS LA SALLE ? », P. 28.

3 Réponse **A** : je quitte la salle en fermant la porte pour laisser au jury le temps de délibérer avant l'entrée du candidat suivant.

Prenez congé après vous être levé et avant d'avoir atteint la porte, sans questionner le jury.

→ VOIR FICHE « COMMENT PRENDRE CONGÉ ? », P. 30.

4 Réponse **B** : je change discrètement de posture.

Gardez les yeux fixés sur les membres du jury.

→ VOIR FICHE « COMMENT GÉRER VOTRE ÉMOTIVITÉ ? », P. 34.

5 Réponse **A** : Vrai.

Répétés, certains mots ou gestes peuvent, sinon agacer les membres du jury, du moins limiter leur attention à votre discours.

→ VOIR FICHE « COMMENT MAÎTRISER VOS RÉACTIONS ? », P. 36.

6 Réponse **B** : je privilégie les phrases courtes.

Le recours aux sigles n'est admis que s'ils sont d'usage courant, et sans excès.

→ VOIR FICHE « COMMENT VOUS EXPRIMER ? », P. 38.

7 Réponse **B** : je prévois quelques silences dans mon exposé.

Prenez l'habitude de respirer entre les phrases.

→ VOIR FICHE « COMMENT UTILISER LA PAROLE ? », P. 40.

8 Réponse **C** : mes mains doivent ponctuer mon expression.

Le corps participe à l'expression, mais sans excès.

→ VOIR FICHE « COMMENT UTILISER VOTRE CORPS POUR VOUS EXPRIMER ? », P. 42.

9 Réponse **B** : je pose ma montre sur un coin de table pour maîtriser le temps.

La gestion du temps est un élément majeur de l'exposé. Vous devez donc être en mesure de contrôler l'avancée de votre exposé.

→ VOIR FICHE « COMMENT UTILISER L'ESPACE ? », P. 44.

10 Réponse **C** : Je ne tiens pas compte de cette réaction et continue mon exposé.

Il ne faut ni interpeller les membres du jury ni surinterpréter chacun de leurs gestes.

→ VOIR FICHE « COMMENT ÊTRE EN CAPACITÉ D'ÉCOUTE ? », P. 48.

11 Réponse **B** : Faux.

Une question apparemment fermée peut appeler une réponse argumentée.

→ VOIR FICHE « COMMENT DÉCRYPTER LES QUESTIONS, LES OBSERVATIONS ? », P. 50.

12 Réponse **B** : je priorise la phase d'écoute.

L'écoute doit précéder la réflexion.

→ VOIR FICHE « COMMENT RÉPONDRE AUX QUESTIONS ? », P. 53.

13 Réponse **B** : j'exprime mon point de vue en gommant mes positions extrémistes.

Vous devez exprimer une opinion personnelle mais il est parfois préférable de taire certaines positions.

→ VOIR FICHE « COMMENT SUSCITER L'INTÉRÊT DU JURY ? », P. 57.

14 Réponse **B** : Je complète ma position personnelle par une réfutation des arguments pouvant m'être opposés.

Plutôt que de vouloir tout dire sur vos arguments, sélectionnez l'essentiel et sachez anticiper les critiques.

→ Voir Fiche « Comment exprimer une position ? », p. 61.

15 Réponse **B** : je peux légèrement dépasser le temps qui m'est imparti.

Le jury acceptera un léger dépassement de temps. À l'opposé, le temps de l'exposé peut être réduit mais sans excès.

→ Voir Fiche « Comment garder la maîtrise du temps ? », p. 64.

16 Réponse **B** : Faux.

Le candidat a le droit à l'ignorance ou à l'erreur sur certaines questions.

→ Voir Fiche « Comment gérer son ignorance ? », p. 70.

17 Réponse **A** : je prends le temps de la réflexion.

Vous ne pouvez pas refuser de répondre sauf à imaginer une question purement intime, relevant de la vie privée.

→ Voir Fiche « Comment réagir face à une question ou une observation déstabilisante ou polémique ? », p. 73.

18 Réponse **B** : je choisis l'ordre de mes réponses.

Vous devez répondre à l'ensemble des questions posées, mais avec le choix de l'ordre.

→ Voir Fiche « Comment faire face à des questions en rafales ? », p. 76.

19 Réponse **C** : Je ne me laisse pas perturber par ce comportement.

Les membres du jury peuvent parfois chercher à tester vos réactions : acceptez-le !

→ Voir Fiche « Comment faire face à une interruption du jury ? », p. 78.

20 Réponse **A** : J'attends un instant et je reprends la parole.

Vous devez garder votre calme et ne pas laisser le silence se prolonger.

→ Voir Fiche « Comment gérer un silence prolongé du jury ? », p. 79.

21 Réponse **B** : Je peux demander au jury de préciser sa critique.

Vous devez accepter les critiques, les prendre en compte, mais vous pouvez maintenir votre position lors d'un échange.

→ Voir Fiche « Comment répondre à des critiques ? », p. 80.

22 Réponse **B** : Je corrige mon erreur en expliquant son origine.

Vous devez reconnaître votre erreur en essayant de la retourner à votre avantage.

→ Voir Fiche « Comment reconnaître son erreur ? », p. 82.

23 Réponse **C** : Je lui réponds sur le fond en choisissant d'ignorer son agressivité.

Restez « zen », en répondant calmement, sans surenchérir dans le registre de l'agressivité.

→ Voir Fiche « Comment désamorcer l'agressivité d'un membre du jury ? », p. 84.

24 Réponse **B** : doit inclure la mention des périodes de formation.

Les périodes de formation révèlent votre désir de progresser, permettent la mise en valeur de savoirs et savoir-faire.

→ Voir Fiche « Comment préparer la présentation de votre parcours professionnel ? », p. 88.

25 Réponse B : doit inclure un développement sur les motivations et le projet professionnel.

Motivations et projet professionnel ont une place naturelle en conclusion de votre exposé.

→ Voir Fiche « Comment présenter votre parcours professionnel ? », p. 93.

26 Réponse B : Faux.

L'absence de diplôme n'est pas en soi dévalorisante et peut être compensée, par exemple par l'expérience acquise et développée. Elle peut aussi être justifiée.

→ Voir Fiche « Comment préparer et présenter votre parcours personnel ? », p. 98.

27 Réponse B : présenter un projet professionnel incluant la mobilité.

Une vision encore floue de votre avenir professionnel, surtout à long terme, n'est pas pénalisante.

→ Voir Fiche « Comment préparer et présenter votre projet professionnel ? », p. 102.

28 Réponse C : je sélectionne des qualités et défauts en rapport avec l'emploi postulé.

Inutile de présenter l'ensemble de vos qualités et défauts. Sachez les sélectionner, voire « mentir » à bon escient.

→ Voir Fiche « Comment identifier et présenter vos qualités et vos défauts ? », p. 104.

29 Réponse B : la possibilité d'exercer des missions variées.

Les avantages traditionnels du statut de fonctionnaire ne doivent pas constituer votre unique motivation !

→ Voir Fiche « Comment expliquer votre candidature ? », p. 108.

30 Réponse A : Vrai.

La connaissance préalable de l'administration d'emploi est un atout indéniable.

→ Voir Fiche « Comment prouver votre motivation ? », p. 114.

31 Réponse A : Vrai.

Le statut particulier précise les fonctions susceptibles d'être exercées et devant être connues du candidat.

→ Voir Fiche « Comment prouver votre aptitude à exercer les fonctions ? », p. 118.

32 Réponse B : Faux.

La mise en situation vise à se projeter dans l'avenir, non à valider une expérience professionnelle.

→ Voir Fiche « Comment réagir face à une mise en situation professionnelle ? », p. 121.

33 Réponse B : modernisation de l'action publique.

Il s'agit d'une politique de réforme de l'État mise en œuvre depuis 2012, qui a succédée à la révision générale des politiques publiques (RGPP).

→ Voir Fiche 1 – L'organisation de l'administration, p. 160.

34 Réponse C : président du Conseil départemental.

Le président du Conseil départemental est une autorité élue représentant le département, collectivité décentralisée. Ministres et préfets sont nommés et représentent l'administration d'État.

→ Voir Fiche 1 – L'organisation de l'administration, p. 160.

35 Réponse B : par une personne publique ou privée.

Sauf exception (armée, état-civil…), les activités de service public peuvent être directement gérées par des administrations publiques ou déléguées à des personnes privées (EDF, hôpitaux…).

→ Voir Fiche 2 – Le service public, p. 166.

36 Réponse A : permet la réquisition des fonctionnaires en cas de grève et de trouble grave à l'ordre public.

Seuls certains fonctionnaires sont privés du droit de grève (préfets, policiers nationaux…).

→ Voir Fiche 2 – Le service public, p. 166.

37 Réponse C : Loi.

Décret et arrêté sont des actes édictés par l'administration alors que la loi est adoptée par le Parlement ou par le peuple (référendum).

→ Voir Fiche Fiche 3 – Le droit de l'action publique : normes et hiérarchie des normes, p. 172.

38 Réponse A : date de 1958.

Devant la juridiction française la Constitution a une valeur supérieure aux normes internationales. Elle a été révisée en 2008.

→ Voir Fiche Fiche 3 – Le droit de l'action publique : normes et hiérarchie des normes, p. 172.

39 Réponse B : 5 millions.

Si l'on prend en compte l'ensemble des personnes travaillant dans le cadre du service public (hôpitaux privés, entreprises publiques, Sécurité sociale…), ce chiffre atteint environ 7 millions, soit 28 % de l'emploi total en France.

→ Voir Fiche 4 – La fonction publique, p. 175.

40 Réponse B : de son grade.

L'emploi est à la disposition de l'employeur au contraire du grade, qui ne peut, sauf cas de faute grave, être remis en cause.

→ Voir Fiche 4 – La fonction publique, p. 175.

41 Réponse C : est un droit et une obligation.

La formation peut être imposée par le statut ou l'employeur, ou sollicitée par l'agent.

→ Voir Fiche 5 – Les droits des fonctionnaires, p. 180.

42 Réponse C : Garantie d'emploi.

La garantie d'emploi est un droit spécifique du fonctionnaire au contraire de la liberté d'expression et du droit syndical également reconnus aux salariés du secteur privé.

→ Voir Fiche 5 – Les droits des fonctionnaires, p. 180.

43 Réponse A : Vrai.

Certaines obligations (dignité, probité, discrétion…) s'imposent, y compris en dehors du service.

→ Voir Fiche 6 – Les obligations des fonctionnaires, p. 183.

44 Réponse B : interdit l'expression d'opinions critiques en des termes violents, excessifs.

La confusion est fréquente avec le devoir de discrétion professionnelle (réponse A) et l'obligation de neutralité (réponse C).

→ Voir Fiche 6 – Les obligations des fonctionnaires, p. 183.

45 Réponse A : la TVA.

La TVA représente près de 50 % des recettes fiscales.

→ Voir Fiche 7 – Le financement de l'action publique, p. 186.

46 Réponse **C** : les trois quarts des investissements publics.

Ce chiffre s'explique par les multiples transferts de compétences opérés depuis le mouvement de décentralisation lancé en 1982.

→ Voir Fiche 7 – Le financement de l'action publique, p. 186.

47 Réponse **A** : gestion prévisionnelle des emplois et des compétences.

Cette expression désigne l'ensemble des pratiques et méthodes de gestion des ressources humaines s'inscrivant dans une démarche prospective et prenant en compte une approche quantitative (emploi) et qualitative (compétences).

→ Voir Fiche 8 – La notion et les évolutions de la gestion des ressources humaines, p. 197.

48 Réponse **C** : Grade.

Métier et compétence sont des termes relevant de la gestion des ressources humaines, « inconnus » du statut. Le grade est un terme statutaire précisant la position dans la carrière.

→ Voir Fiche 8 – La notion et les évolutions de la gestion des ressources humaines, p. 197.

49 Réponse **B** : 24 heures par an.

Le compte personnel de formation, qui remplace le droit individuel à formation (DIF) depuis le 1er janvier 2017, garantit un crédit d'heures de formation à chaque agent.

→ Fiche 10 – Les outils statutaires de la gestion des ressources humaines, p. 214.

50 Réponse **A** : son statut.

Attention à ne pas confondre traitement (fonction du grade et de l'échelon de l'agent, donc de son statut) et rémunération (terme global incluant le régime indemnitaire). Ce dernier peut prendre en compte valeur professionnelle et productivité.

→ Fiche 9 – Le cadre : notions et fonctions, p. 210.

51 Réponse **A** : Vrai.

Un agent de maîtrise, un adjoint administratif (catégorie C) peuvent parfois, dans certaines petites structures, se voir confier la mission d'encadrer une équipe.

→ Fiche 10 – Les outils statutaires de la gestion des ressources humaines, p. 214.

52 Réponse **A** : Vrai.

Des missions d'audit, d'expertise, de conseil sont souvent confiées à des agents de catégorie A et n'impliquent pas nécessairement une fonction d'encadrement.

→ Fiche 10 – Les outils statutaires de la gestion des ressources humaines, p. 214.

1. Établir un bon contact avec le jury

Comment vous habiller ?

La tenue vestimentaire est importante et ne doit pas être laissée au hasard. Certes, le premier regard porté sur le candidat ne va pas décider absolument de la réussite de l'entretien, mais il participera d'une impression générale favorable ou défavorable. Au moment de départager des candidats, le jury fera entrer en ligne de compte cette dimension « esthétique » parce qu'elle est un indicateur : désinvolture, manque de personnalité, manque de discernement… ou au contraire simplicité, franchise, respect de l'autre.

1. Mettez-vous à l'aise

- Simplicité et naturel sont vos atouts : ni excès d'élégance, ni décontraction. De la tête aux pieds, portez une tenue qui vous va vraiment parce que vous en avez l'habitude : coiffure, maquillage, vêtements, chaussures, bijoux. Être à l'aise, c'est oublier son apparence et se concentrer sur l'essentiel.
- Pas d'innovation le jour J, pas de nouveautés qui risquent de vous perturber et de détourner l'attention du jury : ne portez pas de chaussures neuves, n'allez pas chez le coiffeur la veille pour tester une nouvelle coupe. Ne choisissez pas votre look le matin même dans l'affolement et l'angoisse. Dans ce domaine, il faut savoir anticiper.
- Adoptez une tenue soignée : pas de vêtement de sport, de baskets, de jean délavé, de tee-shirt ou de cheveux mal peignés. Pour les hommes : pas de cravate obligatoire si vous n'avez pas l'habitude d'en porter, une chemise élégante et une veste bien coupée feront aussi bien l'affaire. De même pour les femmes, le tailleur n'est pas conseillé si vous n'y êtes pas habituée.
- Il n'existe donc pas de « tenue » d'entretien, seule compte celle qui est vraiment personnelle et habituelle, portée avec naturel.

2. Préférez la discrétion

- Attention aux accessoires, ils font partie de l'image que vous renvoyez. Les signes religieux ostentatoires, les symboles gothiques et les gri-gri à la mode renvoient à

une affirmation de soi qui peut perturber le jury. Ils peuvent être interprétés comme un manque d'ouverture. Et surtout, c'est un mauvais point pour un futur fonctionnaire, dont le principe de laïcité constituera l'une des obligations !

- Pas d'accessoire envahissant : écharpe, foulard ou étole que vous remettez en place à tout bout de champ, bracelet que les doigts manipulent, etc. Si vous craignez de passer le temps de l'entretien à tripoter bague, collier ou montre, abstenez-vous d'en porter. Ces gestes sont très perturbants pour le jury, ils risquent de focaliser l'attention et d'agacer.
- Les piercings sont en principe à éviter. Cependant, certains s'harmonisant bien avec le visage, ils peuvent être tolérés. Tout est question d'équilibre, à vous de demander conseil à votre entourage : est-ce que « ça passe » ou pas ?

Les pièges à éviter

– La tenue négligée.
– La tenue trop décontractée.
– La « tenue d'examen » : tailleur, costume trois pièces.
– Les vêtements excentriques, hors mode ou top tendance.
– Le parfum ou le maquillage excessif.

Comment réussir votre entrée dans la salle ?

Ne pas rater son entrée en scène, c'est la moindre des choses. Les gestes trahissent et en disent long, pas seulement sur l'état émotionnel du moment (ce qui est finalement mineur, on a le droit d'être stressé), mais sur l'attitude globale du candidat. La manière d'entrer, de se déplacer, de s'asseoir, d'entrer en communication avec les membres du jury doit être passée au crible lors de la préparation, afin de ne rien laisser au hasard et de faire, comme on le dit à juste titre, une « bonne impression ».

1. Entrez simplement

Encore une fois, la simplicité et le naturel sont vos meilleurs atouts. Entrez dans cette pièce comme vous le feriez dans d'autres circonstances pour découvrir des personnes avec qui vous allez avoir un échange d'une vingtaine de minutes. Maîtrisez vos gestes, marchez tranquillement, dites bonjour en souriant, regardez tout de suite vos interlocuteurs dans les yeux.

2. Respectez la règle des trois 20

Il existe en communication une règle des trois « 20 » qui fournit aux recruteurs, managers et responsables un outil pour se forger une impression sur l'interlocuteur qui se présente devant eux :

– les 20 premières secondes de contact sont capitales : on est évalué dès qu'on a refermé la porte et qu'on se dirige vers la table de l'entretien ;

– les 20 premiers mots prononcés : dites bonjour et engagez la conversation naturellement ;

– les 20 centimètres de votre visage : tout se passe entre les yeux et la bouche, entre le sourire qui dénote une attitude positive et confiante, et les yeux qui regardent franchement chacun des membres du jury.

3. Réussissez le premier contact

– Frappez à la porte et attendez d'être invité à entrer. Notez qu'en général une personne vient vous chercher dans la salle de préparation.

– Ouvrez et fermez la porte sans précipitation, profitez-en pour respirer à fond discrètement.
– Dites bonjour au jury en regardant chaque personne et en souriant.
– Attendez pour vous asseoir que le jury vous y invite.

Les pièges à éviter

– Faire triste figure, avoir l'air crispé.
– Claquer la porte, marcher à l'assaut, se jeter sur sa chaise, laisser tomber ses affaires à ses pieds.
– Vouloir serrer la main à chaque membre du jury.

Comment prendre congé ?

Les derniers pas dans la salle d'entretien sont aussi importants que les premiers. La façon de prendre congé n'est pas plus neutre que le contact initial. Il serait dommage de gâcher une bonne impression générale par une sortie ratée. Pas de précipitation, pas de décompression intempestive, pas de relâchement. Ce n'est pas non plus le moment d'anticiper sur le résultat en questionnant maladroitement le jury sur ce qui vient de se passer. L'art de prendre congé consiste à mettre un terme à la conversation d'une manière à la fois naturelle et parfaitement maîtrisée.

1. Laissez le jury décider de la fin de l'entretien

C'est le jury et lui seul qui décide de la fin de l'entretien. Vous n'avez ni à précipiter l'échéance ni à la retarder. Même si le mot de la fin vous paraît arriver de manière abrupte, cela ne veut rien dire et il ne faut pas surinterpréter l'attitude de certains jurys. Il s'agit souvent de tester vos réactions jusqu'au bout, face à des comportements imprévisibles, comme il en arrive tant en situation professionnelle. Vous devez donc simplement prendre acte de la fin de l'entretien et vous concentrer sur les derniers instants. Le pire serait de cesser brutalement le contact verbal et non verbal avec le jury.

2. Restez naturel jusqu'au bout

C'est vous qui avez les cartes en main pour une sortie réussie, à condition de ne pas oublier que la communication n'est pas close et que vous continuez durant ces quelques secondes à envoyer des messages non verbaux essentiels à vos interlocuteurs. Naturel, bonne tenue, maîtrise de la situation : finissez comme vous avez commencé.

– Rassemblez vos affaires et levez-vous tranquillement.
– Remerciez les membres du jury pour l'attention qu'ils vous ont portée.
– Dites au revoir en regardant chacun de vos interlocuteurs.
– Quittez la salle en marchant d'un pas tranquille, en respirant.
– Ouvrez et refermez la porte lentement.

LES PIÈGES À ÉVITER

– Se lever et partir sans un mot.
– Vouloir serrer la main de chaque examinateur.
– Pousser un grand « ouf » de soulagement en quittant la salle.

2. Adopter une bonne attitude

Comment gérer votre émotivité ?

Nul n'est à l'abri du stress. Qui n'a pas connu cette sensation de froid dans le dos, les picotements, le rythme cardiaque qui s'accélère, la transpiration, le tremblement de tous les membres ? Très vite, c'est la prise de parole qui pâtit de ce dérèglement incontrôlé : bégaiements, tics verbaux, répétitions, mots parasites. Vous commencez à perdre vos moyens, des gestes incontrôlés viennent parasiter votre exposé. Comment maîtriser la situation pour faire de ce stress un moteur et non un frein ? Celui-ci, en effet, n'est pas qu'un mal-être, il a du bon : il mobilise, donne des ailes, permet de se surpasser. Et, en principe, on le sait, le trac se dissipe dans l'action. Ce sont donc souvent les premières minutes qui comptent.

1. Préparez-vous mentalement avant l'entretien

• « Connais-toi toi-même » : la devise de Socrate vaut aussi pour les épreuves professionnelles. Vous devez tirer les leçons de situations antérieures – réunion, examen, entretien... –, de vos défaillances émotionnelles, et travailler sur vous-même. Il existe plusieurs techniques et approches qui permettent de gérer une hyperémotivité : psychothérapie, yoga, relaxation, arts martiaux...

• En dehors des cas extrêmes, il est possible de travailler un trac normal de plusieurs manières :
– multipliez les occasions de prendre la parole en public dans les temps qui précèdent l'épreuve et apprenez à contrôler votre émotion du début ;
– entraînez-vous, en situation publique, en famille, devant un groupe, aux images mentales positives : moments agréables, souvenirs de réussites, sentiment de maîtrise... ;
– faites des exercices de respiration ventrale pour relâcher les tensions qui s'étendent jusqu'à la mâchoire ;
– n'hésitez pas à vous filmer devant un « jury » composé d'amis lors d'un exercice d'entraînement ;
– préparez bien sûr l'exercice : le trac se nourrit de l'incertitude et de la surprise, un entraînement intensif permet donc d'écarter au maximum les imprévus.

2. Pensez à respirer pendant l'entretien

Durant l'épreuve, vous pouvez retrouver les bons effets de votre préparation. L'important est de rester décontracté, en prenant constamment conscience des tensions et en les éliminant. Changez discrètement de posture pour vous aider à vous détendre. De la même manière, il est judicieux de profiter des moments de transition, de pause (début et fin de l'exposé, entrée dans la salle, installation...) pour pratiquer un exercice de respiration et décontracter tous ses muscles : épaules, cou, nuque, dos...

3. Ne paniquez pas !

– Si vous vous sentez submergé par l'émotion, n'hésitez pas à le dire, le seul fait de l'énoncer fera baisser la pression. Prenez éventuellement quelques secondes de pause pour vous reprendre.
– Continuez à sourire quoi qu'il arrive, en regardant les membres du jury.
– Dédramatisez la situation : cette conversation n'est pas la fin du monde.

LES PIÈGES À ÉVITER

– Se dire qu'on n'y peut rien.
– Se laisser submerger par l'émotion sans rien tenter.
– Se laisser déconcentrer par des pensées parasites.

Comment maîtriser vos réactions ?

L'émotivité se glisse parfois par la fenêtre quand on a bien verrouillé la porte. Malgré des exercices de maîtrise de soi et une bonne respiration, elle peut arriver là où on ne l'attend pas. Elle se traduit alors par des réactions incontrôlées, tantôt verbales, tantôt non verbales. Là aussi, il est important que vous vous connaissiez vous-même pour tenter de faire disparaître ces réactions qui relèvent du « tic » et dont vous ne vous rendez parfois même pas compte. Vous pouvez surtout y remédier en amont, par la préparation.

1. Contrôlez votre parole

Les tics verbaux sont simplement un art de se rassurer en posant comme des sortes de jalons au milieu d'un océan d'émotions. De nombreux orateurs, même performants, y succombent de manière plus ou moins discrète. Chacun en a fait l'expérience : une fois qu'on a repéré le tic verbal de quelqu'un, il devient comme une ritournelle et on n'entend plus que lui. Alors, que faire pour échapper à ces mots vides de sens, à ces « euh » intempestifs, ces manies orales exaspérantes – « c'est clair », « effectivement », « en fait » – souvent renforcées par une certaine mode ?

- La première chose est d'en prendre conscience et de les repérer : enregistrements et vidéos sont des outils précieux. Vous verrez vite que ces rafales viennent combler un vide, une hésitation.
- Évitez cette manie de vouloir meubler à tout prix un silence, une hésitation : c'est là que fleurissent les « euh » ! Profitez-en au contraire pour respirer, votre discours va finir par repartir.
- Loin d'être une fatalité, les tics verbaux abondent dès que l'on perd le fil de sa pensée. Et ils renvoient en premier lieu à une préparation insuffisante ! Pendant l'examen, la meilleure parade est d'éviter au maximum les trous dans sa démonstration : à l'aide, pour l'examen de culture générale notamment, d'un plan entièrement établi, de mots-clés surlignés et organisés, d'une introduction et d'une conclusion rédigées (*cf.* p. 135).

2. Contrôlez vos gestes

Votre corps vous trahit aussi quand votre discours devient flottant. Les gestes d'auto-contact ou de dérivation vous rassurent mais agacent vos interlocuteurs. Se toucher le front, passer sa main dans les cheveux, se frotter le nez ou le menton, se gratter le bras ou la main sont des gestes de réassurance qui traduisent le plus souvent une difficulté momentanée. Déplacer sa montre, manipuler son bracelet sont d'autres manières inconscientes de s'adapter à un mal-être passager.

Comment les éviter ? Là encore :

– prise de conscience, repérage et décodage lors d'exercices d'entraînement ;
– travail pour corriger et empêcher ces gestes ;
– préparation rigoureuse (avant et pendant) pour limiter les flottements.

LES PIÈGES À ÉVITER

– Les expressions introductives inutiles : « il faut savoir », « il est évident », « comme chacun le sait ».
– Vouloir à tout prix meubler un silence.
– Toutes formes d'accessoires propices aux gestes parasites (collier, écharpe, montre, bague, bracelet...).

Comment vous exprimer ?

« Ce qui se conçoit bien s'énonce clairement… » Appliquer la fameuse formule de Boileau comporte plusieurs implications concrètes. Choisissez d'abord le bon vocabulaire, adapté à la situation : on ne parle pas devant un jury comme devant un groupe de collègues. Adaptez ensuite la longueur de vos phrases, de manière à ne pas épuiser l'auditeur et à lui permettre de suivre à tout moment. Préférez donc une syntaxe simple, pour éviter de vous perdre dans le dédale de phrases trop compliquées, au risque de chuter et de tomber dans l'enfer des « euh ».

1. Utilisez les termes exacts

De la même manière que le jury attend de vous une tenue vestimentaire correcte, il vous guette aussi sur une certaine « classe » linguistique. Et, contrairement à ce que beaucoup pensent, il s'agit pour vous, non pas de vous distinguer, mais de parler de manière simple et naturelle.

• Les mots familiers (boîte, boulot, bosser…), les termes à la mode (être au top, normal, génial…), les formules clichés (c'est simple, c'est clair, ça fait polémique, la dictature de…) sont à bannir.

• Il faut rejeter également les sigles, pas toujours faciles à décrypter, les mots techniques ou rares. Il s'agit de créer une communication, non pas de chercher à en imposer à vos interlocuteurs. Parlez de « technologies de l'information et de la communication » plutôt que de « TIC ». Dites, par exemple, « à plusieurs échelles » au lieu de « multiscalaire », même si le terme existe.

• N'abusez pas du « on ». Il est en effet tentant de s'abriter derrière cet indéfini, ce neutre, pour masquer une lacune sur un sujet ou ne pas engager sa propre pensée…

• Parler simplement, c'est aussi éviter les constructions passives. L'essentiel, l'acteur, celui qui pense, parle ou agit, doit être énoncé tout de suite.

Exemple

Le candidat – Les chiffres ont été contestés par les syndicats.

Préférez à l'oral :

Le candidat – Les syndicats ont contesté ces chiffres.

• Enfin, les périphrases croient dire les choses clairement, or, parfois, elles obscurcissent le discours, et tournent vite à la devinette. Les journalistes en usent et en abusent, nul n'est obligé de les imiter. Autant dire « la télévision » plutôt que « le 8e art » et mieux vaut un « Premier ministre » qu'un « locataire de Matignon ».

2. Formulez des phrases courtes et simples

• Des phrases courtes, à la syntaxe simple, sont la base d'un propos intelligible. Au-delà de quinze à vingt mots, une phrase est déjà trop longue.

> **Exemple**
> Le candidat – L'expérimentation de la gratuité des musées, qui se déroulera dans plusieurs musées d'Île-de-France et de province, présentée le 23 octobre par la ministre de la Culture, s'inscrit dans une volonté de favoriser l'accès du plus grand nombre à la culture.

Préférez à l'oral :

> Le candidat – Plusieurs musées d'Île-de-France vont expérimenter la gratuité. La ministre de la Culture a présenté cette mesure récemment. Il s'agit de favoriser l'accès à la culture au plus grand nombre.

• Si vos phrases sont trop longues, vous risquez de vous embarquer dans des incidentes, des subordonnées : autant de tapis dans lesquels le discours se prend les pieds immanquablement. Vous courez aussi le risque de tomber dans des circonlocutions (des phrases qui disent de manière compliquée des choses simples) ou des clauses de style dilatoires, qui tendent à retarder l'essentiel du discours (« il semblerait que », « selon certains », « il n'est pas sûr que », « tout porte à penser que »...).

> **Exemple**
> Le candidat – Tout porte à penser que l'on devrait bientôt, sauf indication contraire, annoncer l'information tant attendue par la population, et qui prévoit notamment l'envoi de moyens supplémentaires.

Préférez à l'oral :

> Le candidat – Les autorités attendent d'un moment à l'autre l'envoi de moyens supplémentaires.

Les pièges à éviter

- Les mots familiers, les termes à la mode.
- L'emploi abusif de sigles, de mots techniques ou rares.
- L'usage du « on ».
- Les constructions passives.
- Les périphrases.
- Les phrases trop longues, les circonlocutions.

Comment utiliser la parole ?

L'entretien repose sur une technique orale dont les composantes sont à étudier de près, car de cette technique dépend la qualité de la communication entre vous et le jury. Se donner les moyens de se faire entendre pour être correctement écouté et bien compris, tel est l'enjeu de la bonne prise de parole. Portée, hauteur, clarté, tempo, intensité : l'important, c'est de faire physiquement passer le message.

1. Faites-vous entendre

Le jury a d'abord besoin de vous entendre. Bien sûr, chaque voix est unique, absolument inchangeable et il en existe de fluettes. Vous devez donc faire avec ce que vous avez, mais aussi ne pas laisser l'émotion vous faire perdre vos moyens vocaux. Il faut pour cela prêter attention à quelques techniques qui permettent de tenir la distance :

– s'exercer en amont (en fonction de l'espace, de la qualité phonique de la pièce...) à trouver la hauteur de voix qui ne fatigue pas, notamment en apprenant à respirer avec le ventre ;

– s'exercer à trouver la bonne longueur de phrase, sans essoufflement, sans chute de voix ;

– apprendre à placer sa voix dans ce que l'on appelle le « masque », c'est-à-dire la région du visage qui englobe la bouche et le nez ; elle y gagne de l'ampleur et de la clarté.

2. Mettez le ton

La voix porte, certes, mais il manque encore quelque chose. La clarté du discours repose aussi sur sa tonicité. Trop souvent, l'oral professionnel donne lieu à des débits monotones, crispés, peu naturels. Dans la vie, notre discours est scandé, rythmé, modulé, car c'est ce qui en assure la portée. Tenter de retrouver ce naturel passe notamment par quelques efforts :

– contrôlez votre débit : respirez entre les phrases, appuyez régulièrement sur la touche « silence » ;
– articulez : prenez conscience de votre corps – lèvres, langue, mâchoire – par des exercices systématiques (entraînez-vous à répéter ces phrases cocasses qui mettent en jeu la dextérité de la parole : je-veux-et-j'exige-d'exquises-excuses…) ;
– parlez « large » : en allongeant les voyelles, vous permettrez aux sons de voyager bien détachés et d'arriver à bon port ;
– apprenez l'art de l'attaque : il consiste à bien soutenir les débuts de phrase ;
– ponctuez votre discours : comme à l'écrit, le langage oral a besoin de virgules, de points d'exclamation. Les points de suspension, autrement dit des pauses, sont aussi les bienvenus : votre parole voyage mieux si elle est portée par quelques silences.

LES PIÈGES À ÉVITER

– Vouloir meubler à tout prix.
– Vous parler à vous-même.
– Oublier que vous devez « tenir » votre public.

Comment utiliser votre corps pour vous exprimer ?

La gestuelle et, plus largement l'attitude corporelle, comptent évidemment dans tout entretien réussi. La bonne utilisation du corps est avant tout un facteur d'élimination du stress. Elle permet de se poser, de trouver la stabilité intérieure. Elle évite les gestes parasites, les postures par lesquelles le trac va trouver le chemin de votre pensée. Mais il ne s'agit pas de faire taire votre corps, bien au contraire, il reste un allié précieux pour mener un oral gagnant.

1. Tenez-vous droit

- Être bien calé sur sa chaise, les pieds à plat, le dos droit est la première règle de base pour adopter une posture saine, faciliter la respiration, ouvrir les poumons et laisser partir la parole.
- Évitez de vous tasser, de vous pencher d'un côté ou de reculer votre dos comme si vous vouliez disparaître : au contraire, cherchez, dans les moments de pause, à vous grandir. C'est une manière de vous approprier l'espace dévolu, d'être maître du lieu et du jeu.

2. Maîtrisez votre attitude

Votre corps parle pour vous, à votre insu, et il envoie quantité de messages non verbaux. Ceux-ci sont souvent faciles à décrypter et peuvent jouer contre vous. Apprenez à maîtriser ces « postures » qui vous trahissent et à privilégier celles qui vous servent.

Exemples

– Les bras croisés

→ Non, posture à éviter. C'est un geste qui fait barrière, qui vous met en retrait, vous donne l'air d'attendre un adversaire dans une posture à la fois défensive et hargneuse, et de camper sur vos positions.

– Le corps tassé, les épaules affaissées

→ Non, posture à éviter. C'est une posture de soumission, celle de quelqu'un qui ne s'assied que d'une fesse, qui cherche à se faire tout petit, à faire disparaître son corps.

– Le dos collé au dossier, la tête en recul ou détournée par rapport au buste

→ Non, posture à éviter. Cette posture vous met en position de rejet, vous donne l'air d'être sur le point de prendre la fuite.

– Le buste penché en avant, la tête bien dans l'axe du buste, les mains ouvertes, les pieds posés à plat

→ Oui, posture à adopter. Ces éléments sont autant de signes de quiétude, d'ouverture aux autres : vous manifestez une volonté de participation et d'écoute.

Se maîtriser ne veut pas dire devenir rigide. Le corps existe, nul ne peut empêcher qu'il soit présent. Par ailleurs, il vous sert aussi à vous exprimer, ainsi laissez parler vos mains, servez-vous en pour ponctuer votre discours (sans tomber dans la théâtralité).

LES PIÈGES À ÉVITER

- Vouloir faire taire vos mains à tout prix.
- Croiser les bras.
- Regarder un seul interlocuteur.
- Taper des pieds, pianoter avec vos doigts sur votre feuille.

Comment utiliser l'espace ?

Imposez votre présence sans en faire trop : la maîtrise de l'espace repose elle aussi avant tout sur un juste équilibre. L'excès d'assurance peut passer aisément pour de l'arrogance. Une attitude de repli n'est pas non plus bon signe : que dire d'une personne qui se cache derrière ses feuilles, s'assied de côté, n'ose pas un geste vers l'auditoire, recule sa chaise vers le mur ? Comme dans toute situation de communication, à vous d'occuper l'espace au mieux pour faciliter l'échange !

1. Trouvez la bonne distance

• Dans toute situation, chacun organise l'espace qui lui est offert de manière à trouver des repères, à ne pas se sentir totalement étranger. Dans une salle d'examen, autant dire que cette liberté se limite à peu de choses et que les (inter)actions sont rares. La première consiste toutefois à prendre place. Vous devez chercher à vous positionner le mieux possible, notamment en reculant votre chaise de manière à faire face à tout le monde. Cela donne un surcroît d'aisance pour s'adresser à l'auditoire.

• À noter que dans cette « zone sociale » (celle de l'échange, de l'entretien, de l'entrevue…), tout glissement est vite perçu, que ce soit vers l'espace de la relation publique (show, discours politique, cours magistral…) ou vers celui de la relation personnelle (convivialité, amitié…).

2. Prenez possession de votre espace

Votre chaise légèrement reculée de la table d'examen, vous pouvez à bon escient vous servir de ce bureau entre les examinateurs et vous pour :
– poser votre sac aux pieds de la table ;
– poser vos feuilles de notes (éventuelles) sur votre table ;
– placer votre montre sur un coin de table pour maîtriser le temps.

Il y a une dimension physique de possession des lieux, sorte de prise de position sur le terrain. Toutefois, chacun de vos gestes doit se faire discrètement, pour ne pas empiéter sur l'espace du jury, qui est une zone de coopération dont le candidat ne fait pas partie. Si vous passez la frontière, vous risquez de mettre tout le monde mal à l'aise, à commencer par vous-même.

S'agissant de la maîtrise du temps, il convient de préciser qu'il existe deux « écoles ». Des formateurs recommandent de ne pas positionner de manière évidente la montre sur la table dans la mesure où cela peut indisposer certains examinateurs. L'argument invoqué est que, s'agissant notamment des épreuves comportant un exposé du parcours, le candidat doit avoir préparé cet exposé, doit en maîtriser préalablement la durée. Le recours à la montre peut ainsi être perçu comme le signe d'une préparation insuffisante. Si vous ne souhaitez pas courir ce risque, vous devez, en tout état de cause, disposer d'une montre au poignet que vous pourrez consulter discrètement en tant que de besoin.

Un dernier conseil pratique : réalisez au moins une fois une simulation d'oral où vous serez simplement assis sur une chaise face aux examinateurs, sans disposer d'une table. Ce cas de figure est relativement rare, mais il peut arriver que pour une épreuve d'entretien, sans sujet tiré au sort, donc sans nécessité de disposer des feuilles de notes, vous n'ayez pas de support, de table où reposer vos avant-bras. Faites l'expérience pour trouver le juste positionnement de votre corps, de vos mains.

LES PIÈGES À ÉVITER

- Chercher à sortir de la zone d'échange en reculant exagérément votre chaise.
- Vider votre sac devant le jury pour retrouver vos lunettes en sortant votre montre, un stylo, un mouchoir…
- Reclasser continuellement et fébrilement vos feuilles sous le nez du jury.

3. Avoir un bon échange avec le jury

Comment être en capacité d'écoute ?

L'entretien est un échange. Tout commence avec le regard, outil au service de l'écoute. Écouter, c'est regarder son interlocuteur pour lui indiquer que ce qu'il dit nous intéresse. C'est aussi le regarder pour tenir compte des signaux non verbaux qu'il nous renvoie. Tout comme le jury observe votre comportement, vous devez le regarder pour comprendre le sens de ses propos et décrypter les réactions de chacun de ses membres.

1. Regardez le jury

• **Évitez d'avoir un regard fuyant** : cette attitude peut être mal interprétée ou génératrice de perturbations. On peut y voir un manque d'assurance ou bien le signe d'un refus de communication. Vous devez regarder vos interlocuteurs dans les yeux et soutenir leur regard. Si vous éprouvez une gêne, fixez un point entre les sourcils pour que votre regard soit situé au niveau des yeux. Regarder dans les yeux permet une qualité d'écoute, de compréhension. Pour être en situation d'écoute, vous devez être concentré sur le message que veut faire passer votre interlocuteur.

• **Ne pratiquez pas d'exclusion : regardez chacun des membres du jury**, y compris celui qui ne parle pas ou celui qui semble se désintéresser de votre prestation. Vous ne devez pas fixer un seul interlocuteur, celui ou celle qui vous semble le plus sympathique, ou le plus attentif à vos propos. Votre regard doit partir de votre interlocuteur direct et se poser, de manière panoramique, dans le désordre, sur les autres membres du jury.

2. Analysez les réactions du jury

• Tout comme votre regard, votre posture et vos gestes vous révèlent, voire vous trahissent ; il en est de même pour vos interlocuteurs. Sachez tirer parti d'informations visuelles, restez attentif à tout ce qui révèle les sentiments, vous renseigne sur la manière dont votre message est perçu. Écoutez ce que l'on vous dit, mais ne vous privez pas d'observer les réactions des membres du jury. Ces signaux seront autant de repères pour modifier votre attitude en conséquence :

– un froncement de sourcils, une moue, un hochement de tête peuvent signifier la surprise et ainsi vous conduire à préciser vos propos ;

– un regard sur la montre, des yeux qui se lèvent au ciel peuvent être signes d'impatience et vous inciter à conclure.

• Pour autant, il ne s'agit pas de scruter la moindre réaction ou d'analyser systématiquement chaque mimique ou chaque geste :
– un bâillement peut signifier qu'un membre du jury a une fatigue passagère, bien compréhensible en fin de journée ;
– si un membre du jury consulte son téléphone portable pendant que vous parlez, cela ne signifie pas obligatoirement que votre discours est sans intérêt, mais qu'il vient de recevoir un message professionnel de la première importance !

LES PIÈGES À ÉVITER

– Fuir le regard du jury.
– Vouloir scruter et (sur)interpréter la moindre réaction.

Comment décrypter les questions, les observations ?

À la suite de votre exposé préalable, dans lequel vous avez la maîtrise de la parole, c'est au jury de prendre le relais en posant des questions. Le champ des questions ne comporte aucune limite. Vous pouvez vous attendre à tout ! Cependant, au-delà de la diversité des questions, il est possible de dégager quelques constantes.

1. Saisissez la finalité des questions

La partie entretien débute, la plupart du temps, par des questions d'approfondissement, vos interlocuteurs souhaitant des précisions sur des points évoqués au cours de votre exposé. Le champ est ensuite largement ouvert, laissé à la discrétion des membres du jury, pour vous tester sur le fond (connaissances) et la forme (aptitude à communiquer, à échanger).

- Le jury peut faire des observations, poser des questions :

– pointant une erreur dans votre réponse ou remettant totalement ou partiellement en cause vos propos pour engager un débat polémique : « Je ne suis pas d'accord avec votre argument », « Ce que vous dites n'a aucun sens » ;
– vous mettant en situation professionnelle pour mieux apprécier vos capacités : « Que faites-vous si un usager vous insulte ? », « Quelles sont les mentions devant figurer sur un arrêté ? » ;
– cherchant à approfondir votre motivation, votre projet professionnel : « Pourquoi vous présentez-vous à cet examen ? », « Quelles sont vos ambitions professionnelles ? » ;
– vous testant sur votre culture générale : « Quel est le dernier prix Nobel français de littérature ? » et/ou vos connaissances professionnelles : « Quelles sont les principales règles destinées à assurer la sécurité d'un établissement nautique ? »

- Le jury peut vous poser des questions de connaissances :

– larges : « Qu'est-ce que l'intercommunalité ? » ou plus pointues : « Quelles sont les compétences d'une communauté de communes ? » ;
– orientées : « Ne pensez-vous pas, comme le président de la République, qu'il convient de réduire le nombre de fonctionnaires ? » ou non : « Pensez-vous qu'il faille réduire le nombre de fonctionnaires ? » ;
– conventionnelles : « Quelle est votre principale qualité ? » ou plus surprenantes, voire déstabilisantes : « N'êtes-vous pas trop âgé pour espérer une promotion ? » ;

– en lien avec l'objet de la discussion : « Qu'est-ce qu'un cadre ? » ou totalement déconnectées, voire incongrues : « Préférez-vous la cuisine au beurre ou à l'huile ? »
Toutes ces questions peuvent alterner, avec les changements de registre que cela implique pour vos réponses. Mais quelle que soit la question, il conviendra de dissocier les questions ouvertes des questions fermées, les questions objectives des questions subjectives.

2. Repérez la forme des questions

• **Une question ouverte** est une question qui oblige à la réflexion, à un engagement personnel, qui appelle obligatoirement un développement, résultat d'une démonstration.

Exemples

Le jury – Que pensez-vous de l'obligation faite aux communes d'organiser l'accueil des enfants en cas de grève des enseignants ?
Le jury – Faut-il supprimer la fonction publique ?
Le jury – Parlez-nous de la fonction d'assistant de prévention (*ndlr : agent chargé de la mise en œuvre des règles de sécurité et d'hygiène au travail*).

• **Une question fermée** est une question qui appelle une réponse de type oui/non, une réponse brève faisant l'objet d'un traitement plus rapide. Son objectif est en priorité de vérifier vos connaissances : plus le niveau du concours est élevé, plus les questions seront précises.

– Selon les concours, il y aura des questions sur lesquelles le jury ne vous pardonnera pas votre ignorance :

Exemples

Le jury – Qui est le Premier ministre actuel ?
Le jury – Quelle est approximativement la population de la France ?

– et des questions sur des points que vous serez en droit d'ignorer :

Exemples

Le jury – Quel est le nombre de secrétaires d'État du Gouvernement ?
Le jury – Connaissez-vous le nombre de paramètres destinés à vérifier la qualité de l'eau du robinet ?

Ces questions fermées, craintes de nombreux candidats, peuvent être dédramatisées et retournées à votre avantage en apprenant à vous en sortir dans des situations difficiles (*cf.* p. 70).

• Attention cependant aux **fausses questions fermées** ! Des questions n'appelant *a priori* que des réponses courtes supposent en fait des développements argumentés.

> **Exemples**
> Le jury – Êtes-vous favorable au droit de vote des étrangers ?

La réponse ne peut se limiter à un oui ou un non. En tout état de cause, le jury attend une explication de votre position, une simple réponse positive amènera immédiatement la question « Pourquoi ? » qu'il faut donc devancer.

> Le jury – Quel est le dernier livre que vous ayez lu ?

Une réponse limitée au titre et à l'auteur prouve que vous connaissez l'ouvrage, non que vous l'avez lu ! Vous devrez donc préciser votre réponse en choisissant à votre guise d'en expliciter l'intrigue, de donner les raisons de votre choix ou d'en faire une critique.

• **Une question objective** (qui peut être ouverte ou fermée) attend une réponse dont l'évidence s'impose à tous, sur la base de données incontestables. Vous apportez des éléments énoncés par d'autres, faisant la preuve de votre capacité à restituer des informations.

> **Exemples**
> Le jury – Quelles sont les fonctions du Premier Ministre ?
> Le jury – Quels sont les avantages de l'intercommunalité ?

• **Une question subjective** aboutit à une réponse dont la justification est individuelle. Elle doit être traitée comme une question ouverte, imposant un développement argumenté dans lequel vous ferez preuve de votre capacité à raisonner.

> **Exemples**
> Le jury – Parlez-nous du dernier film que vous avez vu.
> Le jury – Trouvez-vous logique que les fonctionnaires bénéficient de la garantie de l'emploi ?

Les pièges à éviter

– Systématiser une stratégie de réponse.
– Répondre de manière incomplète.

Comment répondre aux questions ?

Souvent, les candidats sont tellement anxieux et pressés de répondre qu'ils n'écoutent pas vraiment ce qui leur est dit. Il leur arrive aussi fréquemment de préparer leur réponse plutôt que d'écouter leur interlocuteur. Il est donc utile de prendre du recul face aux questions. Le temps de la réponse doit être précédé d'un temps d'écoute puis de réflexion.

1. Écoutez la question

• L'écoute doit être attentive, silencieuse et active. Signe d'une attention, d'une prise en compte de la parole d'autrui et plus globalement d'un respect de la personne qui s'exprime, cette phase s'achève lorsque votre interlocuteur a conclu son propos. **Ne lui coupez pas la parole.** Cette attitude, fort mal appréciée par le jury (qui, lui, en a le droit !), risque en outre de vous conduire à une réponse hors sujet.

• En cours d'écoute, **repérez mentalement le(s) mot(s)-clé(s)**. Ne le faites pas trop tôt, vous ne savez pas si les propos de votre interlocuteur vont être brefs ou longs, simples ou complexes. Vous pouvez également prendre quelques notes, mais limitées à quelques mots ou signes pour ne pas perdre le contact visuel.

• **Ne parasitez pas ce temps d'écoute** par le sentiment que vous avez de votre prestation à ce stade, même si le précédent échange vous a mis en difficulté, ou si vous avez l'impression d'avoir commis une erreur. Ne revenez pas en arrière, projetez-vous dans la suite de la discussion avec l'approche positive (et non pas défaitiste) qui doit caractériser votre prestation. Dans le même esprit, évitez de porter un jugement, d'avoir un regard négatif sur la question. Voyez-la comme un moyen de vous mettre en valeur et non de vous mettre en échec. Votre concentration doit être axée sur les paroles de votre interlocuteur, sans vous laisser distraire par quoi que ce soit.

2. Prenez le temps de la réflexion

• **Ne vous précipitez pas pour répondre**, avec le risque de n'aborder qu'une partie des problèmes, voire de passer à côté du sujet. Répondez à la question posée.

EXEMPLE
LE JURY – Quelle est votre qualité principale ?

Cette question posée au singulier n'appelle pas de réponses multiples.

Le fait de répondre rapidement peut en outre donner l'impression que vous manquez de réflexion, que vous énoncez des jugements hâtifs.

• **Prenez le temps du silence nécessaire à la réflexion pour préparer votre réponse.** Quelques secondes peuvent, doivent s'écouler entre la question et la réponse, (**mais évitez un silence prolongé** pouvant conduire à un jugement négatif sur votre capacité à réagir). Ce silence est destiné à permettre :
– la compréhension de toutes les données de la question ;
– la mobilisation des informations nécessaires ;
– la construction d'une réponse.
Attention, cependant, à ne pas donner l'impression systématique de « jouer la montre ». Alternez, lorsque cela est possible, réponses immédiates et réponses réfléchies.

• **Vous pouvez également réfléchir à haute voix,** permettant ainsi au jury de suivre et d'apprécier votre raisonnement.

EXEMPLE
LE JURY – Quelle est la durée du mandat pour les élections présidentielles ?
LE CANDIDAT – Sachant que les dernières élections ont eu lieu en 2017 et que l'on évoque constamment l'année 2022 pour la mise en œuvre du programme présidentiel, je dirais cinq ans.

3. Exprimez une réponse de longueur adaptée

Outre l'indispensable qualité et maîtrise de l'expression orale (*cf.* p. 38), vos réponses doivent respecter les conventions de ce type d'épreuves.

• **Une réponse complète :** c'est une réponse qui ne contraint pas le jury à vous poser une nouvelle question, prouvant votre capacité à devancer l'attente de vos interlocuteurs.

EXEMPLES
LE JURY – Les fonctionnaires ont-ils tous le droit de grève ?
LE CANDIDAT – Non, il y a des fonctionnaires qui n'ont pas le droit de grève.
LE JURY – Oui, mais lesquels ?

LE CANDIDAT – La fonction publique offre une plus grande sécurité d'emploi que le secteur privé.
LE JURY – Oui, mais pourquoi, comment ?

• **Une réponse « rebond » :** c'est une réponse qui offre une chance au dialogue de rebondir, prouvant votre capacité d'initiative, de relance et d'orientation de la discussion. Une réponse ouverte peut ainsi donner lieu à de nouvelles interrogations sur un domaine où vous souhaitez entraîner le jury (*cf.* p. 64).

EXEMPLE

LE JURY – Combien y a-t-il d'États dans l'Union européenne ?

LE CANDIDAT – Il y en a 28 avec l'entrée de la Croatie depuis le 1er juillet 2013 : un nombre susceptible encore d'augmenter avec l'adhésion envisagée des États des Balkans comme la Serbie, voire à plus long terme de la Turquie.

Cette dernière information devrait inciter le jury à vous interroger sur le débat qui entoure l'entrée de la Turquie dans l'Union européenne.

- **Une réponse construite :** c'est une réponse structurée, même courte, à construire ne serait-ce qu'en faisant une phrase. Des remarques, même improvisées, doivent être ordonnées pour faire la preuve de vos capacités d'analyse, de synthèse, de structuration. Évitez les réponses lapidaires, expliquez, argumentez, remettez en perspective, prouvez votre aptitude à développer.

EXEMPLES

LE JURY – Quel mode d'énergie préconiseriez-vous pour l'achat des véhicules de service de votre administration ?

LE CANDIDAT – Des véhicules hybrides.

→ Non. Absence de phrase complète et d'explication à l'appui de votre réponse.

LE CANDIDAT – Je dirai des véhicules hybrides en raison de ses multiples avantages.

→ Oui. Vous formulez une phrase construite mais pourquoi ne pas apporter des précisions sur la nature de ces avantages ? Gardez la main, la maîtrise du temps et montrez votre capacité à argumenter.

LE CANDIDAT – De nombreux paramètres peuvent influencer le choix, en particulier l'usage, le type et le nombre de véhicules, le territoire de la collectivité. En tenant compte notamment de l'impératif de développement durable, les véhicules hybrides paraissent constituer le meilleur choix. Il s'agit de véhicules fonctionnant soit avec un carburant classique, soit à l'électricité. Du point de vue économique et environnemental, ils présentent des avantages certains. En effet...

→ Oui. Un « mini-exposé » avec phrase introductive explicitant votre raisonnement et l'explication qui va suivre est idéal. Un autre avantage de cette dernière réponse réside dans le temps de réflexion supplémentaire que vous vous donnez.

- Dans l'hypothèse d'une question justifiant une réponse développée, **prenez le temps**, en exposant quelques idées générales, de réfléchir aux divers aspects de la question posée, de continuer à construire mentalement une stratégie de réponse.

Vous pouvez également reformuler la question ou débuter par : « Cette question met l'accent sur... »

- Vous pouvez enfin commencer votre réponse en partant d'une définition d'un des termes-clés de la question.

> **Exemple**
> Le jury – Ne pensez-vous pas que le droit de grève devrait être interdit aux fonctionnaires ?
> Le candidat – La grève est un arrêt collectif du travail pour obtenir satisfaction sur des revendications liées en particulier aux conditions de travail. Or, le fonctionnaire est un salarié. Il a donc le droit de manifester sous des formes diverses, y compris la grève...

- Ces stratégies ne doivent cependant pas être systématisées avec le risque éventuel d'indisposer le jury. Ici encore, il convient d'alterner, lorsque cela est possible, réponses courtes et réponses réfléchies.

LES PIÈGES À ÉVITER

– Interrompre le jury.
– Se précipiter pour répondre.
– Répondre systématiquement en quelques mots.
– Répondre systématiquement par un mini-exposé à des questions appelant une réponse courte.

Comment susciter l'intérêt du jury ?

Le jury ne s'attend pas à converser avec des êtres parfaits connaissant tout sur tout. Au-delà des connaissances, il s'attache à découvrir, apprécier une personnalité, une personne avec ses qualités et ses défauts. Il espère toujours être agréablement surpris. Rien n'est plus ennuyeux qu'un candidat qui se contente de répéter un discours appris par cœur et sans conviction, sans curiosité intellectuelle ni professionnelle.

1. Soyez naturel, sincère et original

• Ne cherchez pas à apparaître comme un candidat conforme à un modèle de fonctionnaire qui n'existe pas : soyez **naturel**. Il convient d'anticiper sur les questions traditionnelles des jurys en préparant des éléments de réponse, de réfléchir au préalable sur soi pour améliorer l'image que l'on souhaite donner.

• Soyez **sincère : exprimez vos opinions, ne cherchez pas systématiquement la réponse consensuelle**. Exprimez ce que vous pensez réellement en ne vous demandant pas ce que pourrait être la réponse attendue du jury.
Pour autant, toute vérité n'est pas bonne à dire. Il y a tout de même des réponses ou des absences de réponse que le jury n'est pas disposé à accepter.

> **Exemple**
> Le jury – Pourquoi passez-vous ce concours ?
> Le candidat – « Je ne me suis pas posé la question... » ou « Pour être à l'abri du chômage... ».

Même si c'est la vérité, il faudra mentir, mais avec naturel, en donnant l'impression de la sincérité.

Attention cependant à la suite de l'entretien ! **Sachez mentir à bon escient** sur des points essentiels en évitant toute contradiction dans votre discours. Il vaut toujours mieux mentir par omission que par invention, car il faut garder de la spontanéité, du naturel et savoir gérer cet éventuel dédoublement de personnalité.
Deux réflexes s'imposent pour masquer votre mensonge :
– ne vous précipitez pas pour répondre avec un grand sourire. Sans paraître accablé, prenez le temps de la réflexion ;
– élaborez et apprenez une liste de mots-clés, dans l'ordre où vous souhaitez présenter vos idées et entraînez-vous à construire des phrases à partir de ce canevas. Apprendre par cœur mot à mot et réciter sans conviction un discours préalablement rédigé ne peut que vous desservir.

Exemple

Pour une question sur la motivation pour l'examen d'éducateur principal des activités physiques et sportives, les mots-clés seraient : responsabilités/responsable équipement nautique/collectivité/condition grade.

Le jury – Pourquoi passez-vous l'examen d'éducateur principal ?
Le candidat – L'accès à des postes de responsabilité tels que celui de responsable d'équipement nautique n'est possible dans ma collectivité qu'à la condition de posséder le grade d'éducateur principal.

• Outre la sincérité, le jury est également sensible à l'**originalité** du message. Ce qui surprend suscite en effet davantage d'intérêt que le quotidien banal. Nombre de candidats expriment des banalités, des messages stéréotypés. Soyez original sans être excentrique.

Exemple

Le jury – Vous nous avez dit être collectionneur : de quelle collection s'agit-il ?
Le candidat – Je collectionne les arrêtés et délibérations des communes. À l'origine, j'étais motivé par le souci d'améliorer la rédaction des actes de ma collectivité et j'ai donc cherché dans d'autres collectivités des actes pouvant servir de modèle. Je me suis alors petit à petit intéressé à l'évolution de la rédaction des actes depuis le XIXe siècle...

2. Osez vous engager, exprimer une opinion personnelle

• Exprimer et défendre de façon argumentée une **opinion personnelle**, c'est démontrer sa capacité à prendre position, à s'engager, à agir, à décider. C'est aussi faire la preuve de sa capacité de réflexion critique, savoir prendre de la hauteur, du recul. Vous ne devez pas donner l'image de quelqu'un qui refuse l'engagement, qui n'a pas d'opinion, ou qui esquive les débats polémiques. Le jury est dans l'attente d'une expression libre, authentique, personnelle, par laquelle vous ne cherchez pas à dire ce qu'il est supposé vouloir entendre. Ne craignez pas de déplaire au jury. Sachez assumer vos positions.

• **Trois écueils** doivent cependant être évités :

– **un « moi je » excessif :** savoir exprimer une opinion personnelle ne signifie pas la recherche d'une originalité à tout prix. Dans un débat, vous pouvez vous approprier des idées énoncées par d'autres. Ne soyez pas péremptoire, excessivement sûr de

vous, évitez les jugements hâtifs et surtout fermés au discours de votre interlocuteur : « Il va sans dire », « En tout cas, je suis sûr d'une chose… » ;
– **des positions extrémistes, radicales sur des sujets sensibles :** il faut parfois savoir raison garder et se méfier des réactions spontanées. Adopter une position pondérée, communément partagée, est parfois préférable, même si la prise de risque fait partie de toute activité personnelle et professionnelle. Si, par exemple, vous pensez que la torture est le seul moyen pour faire face au terrorisme, que la révolution armée est l'unique voie pour faire disparaître le capitalisme, ou que les élus « s'en mettent plein les poches », il vaudra mieux « lisser » votre discours ! ;
– **l'oubli du concours, de la spécificité de l'emploi postulé :** vous avez le droit, en tant qu'être humain, d'avoir une position tranchée et d'argumenter en ce sens. L'arrière-plan du concours devra cependant vous inciter à replacer le fonctionnaire au cœur du débat. Ainsi, à la question « Êtes-vous pour ou contre l'avortement ? », dans l'hypothèse où vos convictions religieuses vous conduiraient à rejeter l'avortement, il vous faudrait également expliquer au jury que vous connaissez la frontière entre la liberté d'opinion et d'expression du citoyen et les restrictions à cette liberté dans le cadre de l'activité professionnelle, le principe de neutralité et sa dimension religieuse (laïcité) interdisant de faire état de ses convictions pendant le temps de service.

3. Soyez curieux, au fait de l'actualité

L'ouverture d'esprit, le désir de connaître, de découvrir et d'apprendre constituent également des qualités qui ne pourront que favorablement impressionner le jury. Il ne s'agit pas d'apparaître comme un esprit clos, un candidat dont l'horizon se limite à son environnement immédiat.

• Les jurys attendent de vous que vous vous montriez comme un **citoyen curieux** possédant l'essentiel des connaissances d'un adulte responsable, titulaire du droit de vote, habilité à s'exprimer sur la vie de son pays et de sa collectivité.

> **Exemples**
> Le jury – Qu'est-ce qu'un État ?
> Le jury – Quelles sont les élections prévues cette année ?

• Le **suivi de l'actualité**, la connaissance des préoccupations du moment sont des gages supplémentaires et exigés de réussite.

> **Exemple**
> Le jury – Que signifie l'expression « développement durable » ?

• Si vous êtes déjà en poste dans la fonction publique, vous devrez en outre démontrer que vous êtes conscient des réalités qui sortent du champ d'exercice quotidien de vos fonctions.

| **Exemples**

– Si vous êtes candidat aux concours d'État :

| Le jury – Qu'est-ce que la MAP (modernisation de l'action publique) ?

– Si vous êtes candidat aux concours de la fonction publique territoriale :

| Le jury – Faut-il supprimer les départements ?

– Si vous êtes candidat aux concours de la fonction publique hospitalière :

| Le jury – Faut-il maintenir des hôpitaux de proximité ?

N'hésitez pas non plus à fournir des informations qui vont susciter la curiosité du jury, à l'inciter à vous poser des questions sur des domaines connus de vous, sur lesquels vous êtes à l'aise (*cf.* p. 64).

Les pièges à éviter

– Rechercher la conformité.
– Ne pas oser s'engager.
– Se désintéresser de l'actualité.

Comment exprimer une position ?

Souvent, le jury vous demandera d'exprimer une position personnelle, de vous engager sur un thème faisant débat dans la société. Votre réponse ne pourra alors se limiter à un simple oui ou non, le jury n'ayant pas à poser la question « Pourquoi ? ». Vous devrez trouver les arguments destinés à convaincre vos interlocuteurs, tout en acceptant voire anticipant d'éventuelles objections.

1. Développez vos idées

Affirmer une idée est une étape incontournable du discours mais qui ne suffit pas à emporter l'adhésion de votre interlocuteur. Un raisonnement construit et cohérent va devoir apporter la preuve, démontrer le bien-fondé de votre position.
Plusieurs réflexes doivent être développés pour parvenir à ce résultat.

- Même dans l'hypothèse d'une réponse courte, prenez l'habitude de la structurer avec une **annonce du plan**.
- Allez **du général au particulier**. Le jury pouvant toujours vous interrompre, il est préférable de débuter une argumentation par le point essentiel.
- Soulignez l'**enchaînement** des arguments avec des mots de liaison : « d'abord »/« ensuite », « d'une part »/« d'autre part », « car », « en effet »...
- **Ne cherchez pas à tout dire.** Il est préférable de travailler la qualité plutôt que le volume en se concentrant sur l'essentiel.
- Conjuguez les idées et les faits. Une idée doit être accompagnée d'**exemples concrets**, de faits, de chiffres tirés soit de l'actualité, soit de votre expérience personnelle ou professionnelle. Ce dernier point est particulièrement important dans la mesure où vous prouverez ainsi votre sens des réalités concrètes. Les connaissances théoriques sont certes utiles, mais le fonctionnaire ne peut ignorer les réalités sociales et humaines, les préoccupations professionnelles.

L'exemple peut parfois précéder l'idée, dans l'expression mais également lors de la phase de réflexion. Ce type d'approche peut se révéler profitable dans des situations où vous devez solliciter votre mémoire, retrouver une idée. En partant d'exemple(s) ou de fait(s), y compris personnel(s), vous pouvez en déduire une idée générale à l'appui de votre position.

EXEMPLES

LE JURY – La publicité est-elle nécessaire ?

- 1er exemple d'entrée en matière :

LE CANDIDAT – Le nombre de pages consacrées aux marques dans les magazines semble justifier une réponse positive. Les débats récurrents sur le maintien ou la suppression de la publicité dans l'audiovisuel public illustre la place que cet outil de communication a pris dans notre société. La publicité constitue une ressource financière capitale pour les médias. Pour autant...

- 2e exemple d'entrée en matière :

LE CANDIDAT – La publicité fait découvrir de nouveaux produits, le public retient facilement les slogans publicitaires. C'est un support pour les entreprises, un outil de communication. Elle véhicule une image facilement mémorisable. La publicité est donc nécessaire pour une entreprise. Pour autant...

- **Attention à ne pas systématiser les réflexes de réponse.** L'annonce de plan, la reformulation de la question, la mise en perspective ne sont pas exigées pour toutes les questions, tous les concours. Une même question peut donner lieu à de multiples réponses, dont la pertinence sera appréciée au cas par cas.

EXEMPLE

LE JURY – Un service public doit-il fonctionner 24/24 heures ?

- Réponse élaborée :

LE CANDIDAT – Cette question fait référence à l'un des principes fondamentaux du service public, celui de continuité. Ce principe implique un fonctionnement régulier, permanent de l'offre de prestations d'intérêt général que sont en droit d'attendre les administrés, les usagers. Cette régularité, cette permanence doit cependant s'apprécier en fonction du type de service. Ainsi...

- Réponse directe :

LE CANDIDAT – Tout dépend du type de service. Certains services doivent fonctionner en permanence, par exemple la fourniture d'eau potable, d'électricité. D'autres peuvent être proposés sur des périodes spécifiques, par exemple une piscine d'été fonctionnant 7/7 jours, mais avec une fermeture la nuit pour cause d'entretien.

2. Anticipez la critique

Montrez que vous êtes conscient des limites, des objections à votre position. Ne vous cantonnez pas aux seuls arguments en faveur de votre discours. En connaissant les arguments qui peuvent vous être opposés, vous ferez preuve d'objectivité et d'une attitude non sectaire, ouverte aux autres. Cette anticipation est d'autant plus nécessaire si vous adoptez un point de vue minoritaire. Dans votre réponse, faites apparaître les aspects négatifs et positifs, la thèse et l'antithèse. Mais ne cherchez pas systématiquement à équilibrer ces deux approches.

> **Exemple**
>
> Le jury – Êtes-vous partisan de la suppression des communes ?
>
> Le candidat – Personnellement, j'y suis favorable. La France compte trop d'échelons administratifs : État, région, département, intercommunalité, commune. Il est nécessaire de procéder à une refonte de l'administration locale. Il y a beaucoup de communes qui ont un nombre très faible d'habitants : 26 000 communes ont moins de 500 habitants. Il est préférable de privilégier l'intercommunalité. Mais je n'ignore pas les arguments qui militent pour un maintien de la commune et un regroupement des départements et des régions : la nécessité de maintenir un lien de proximité entre les habitants et leur administration... Une voie médiane pourrait cependant être davantage encouragée. Il s'agit de la possibilité, ouverte depuis 2010, de créer des communes nouvelles, par fusion de communes. C'est ainsi qu'en 2016, le nombre de communes est passé pour la première fois sous la barre des 36 000 communes.

LES PIÈGES À ÉVITER

– Vous contenter d'un discours théorique.
– Ignorer les arguments contraires à votre position.

Comment garder la maîtrise du temps ?

Une gestion réfléchie et maîtrisée du temps de l'épreuve est un gage de réussite, un atout majeur que vous devez savoir exploiter. S'agissant du temps de l'exposé préalable, elle est la marque d'un esprit de synthèse, la preuve d'une capacité à respecter des consignes, à organiser son temps, critères bien évidemment appréciés dans le cadre professionnel. Concernant le temps de l'échange comme celui de l'exposé, une bonne maîtrise vous permettra de conserver la main, de ne redonner la parole qu'en dernière extrémité.

1. Maîtrisez le temps de l'exposé

• Quelle que soit la durée imposée, vous devez exploiter au maximum votre temps de parole.

Deux erreurs doivent être évitées :

– dépasser le temps imparti (est cependant parfois admis un dépassement de 30 secondes à 1 minute en fonction du temps de l'épreuve) : vous serez interrompu, plus ou moins sèchement, par le jury, induisant ainsi une inévitable perturbation qu'il vous faudra savoir dominer. N'oubliez pas de jeter un œil sur votre montre. En fonction du temps restant, vous hiérarchiserez éventuellement différemment vos développements ;

– utiliser très partiellement le temps imparti : s'ensuivra une appréciation négative doublée d'un temps supplémentaire donné au jury pour confronter le candidat à une succession de questions.

• Pour autant, il ne s'agit pas de remplir ce temps d'épreuve. Un exposé court mais cohérent et structuré est préférable à un délayage pour « tenir le chrono ». Les questions posées par la suite peuvent vous aider à préciser votre pensée, à vous remémorer des points négligés.

2. Maîtrisez le temps de l'échange

• **Anticipez les questions :** les questions servant de base à l'échange ne sont généralement pas prédéfinies. Chaque mot prononcé, chaque expression donne des idées de questionnement au jury. Vous pouvez donc choisir de mentionner, au cours de l'exposé, des informations susceptibles de faire réagir les membres du jury, leur fournir ainsi de la matière et les inciter à aborder un nouveau thème. Bien entendu, vous devrez n'adopter cette stratégie que si vous maîtrisez le point abordé.

Exemples

Le candidat – Suite à l'acte II de la décentralisation, mon service a été réorganisé pour intégrer la gestion de carrière des agents venus de l'État, notamment les personnels DDE, TOS...

Questions potentielles :

Le jury – Qu'est-ce que l'acte II de la décentralisation ? Quelle est la direction qui s'est substituée depuis 2010 à la DDE ? Qu'est-ce que les TOS ?

Le candidat – Après 10 ans passés à la DDE, j'ai été transféré à la direction de la voirie du département et j'ai opté pour la fonction publique territoriale.

Questions potentielles :

Le jury – Pourquoi ce choix ? Voyez-vous des différences entre le statut de fonctionnaire d'État et celui de fonctionnaire territorial ?

• **Ne répondez pas de façon sommaire :** quelle que soit la question, ne répondez jamais par un simple mot (oui/non), une phrase courte, redonnant ainsi immédiatement la parole au jury. Gardez la parole, la maîtrise du temps, donc la maîtrise du contenu de l'échange. Si vous êtes à l'aise sur un thème, pourquoi prendre le risque de permettre au jury de s'aventurer sur des terrains moins maîtrisés ?
Trois techniques peuvent être utilisées et combinées, qui prouvent parallèlement que vous savez profiter d'une question pour valoriser vos connaissances. Ici encore, il ne s'agit pas de tomber dans le piège d'une réponse trop longue provoquant l'impatience du jury. Il convient d'apprécier si le jury attend une réponse brève ou développée.

– Répondre par une phrase courte mais avec un énoncé complet.

Exemple

Le jury – Quelle est la durée du mandat du président de la République ?
Le candidat – Elle est actuellement de cinq ans renouvelable.

Vous avez en tout état de cause évité la réponse monosyllabique. Pourquoi ne pas compléter si vous avez quelques connaissances complémentaires ?

– Répondre par un « mini exposé » : une phrase d'introduction pour resituer la question, la réponse directe à la question, puis une phrase d'ouverture en conclusion.

Exemple

Le jury – Quelle est la durée du mandat du président de la République ?
Le candidat – Fixée à sept ans sous la IIIe République, elle est depuis le référendum de 2000 de cinq ans. La révision constitutionnelle de 2008 conserve cette durée mais limite la possibilité de renouvellement à deux mandats successifs.

Vous fournissez ainsi la réponse tout en prouvant vos connaissances plus globales, votre suivi de l'actualité, et vous proposez au jury une piste de questionnement sur la pertinence de la réforme, votre point de vue sur celle-ci.

– **Répondre en élargissant le champ de la question et anticiper** sur d'éventuelles contradictions pouvant être apportées, d'éventuelles questions.

Exemple

Le jury – Quelle est la durée du mandat du président de la République ?

Le candidat – Elle est de cinq ans renouvelable. Cette durée a été modifiée en 2000, en particulier pour permettre une concordance des mandats présidentiels et législatifs. L'objectif est d'éviter les périodes de cohabitation, considérées comme préjudiciables au bon fonctionnement des institutions. Pour autant, la concordance des majorités n'est pas assurée, notamment du fait de la possibilité pour le président d'utiliser son pouvoir de dissolution.

Cette stratégie de réponse très développée sur une question pouvant n'appeler qu'une réponse courte doit être utilisée à bon escient. Sachez vous arrêter si vous sentez que le jury veut reprendre la main.

Les pièges à éviter

– Dépasser le temps imparti pour l'exposé.
– Répondre systématiquement en quelques mots.

Avoir un bon échange avec le jury : un exemple commenté	
LE JURY : – Quels avantages voyez-vous au statut de fonctionnaire ?	
LE CANDIDAT : – J'en vois deux principalement : …	
… la stabilité et la mobilité.	Annonce du plan, même dans l'hypothèse d'une réponse courte.
La stabilité est garantie par le grade et le recrutement pour une durée indéterminée. Elle me semble essentielle en permettant une plus grande neutralité vis-à-vis du pouvoir politique et une continuité de l'action publique. Les élus ont une durée de mandat définie de six ans pour les élections locales …	Exemple.
… et peuvent ne pas être renouvelés. Le fonctionnaire peut cependant certes être licencié, mais les hypothèses sont relativement limitées, pour insuffisance professionnelle ou pour faute grave par exemple.	Prévention d'une éventuelle objection.
Le droit à mobilité représente un second …	Liaison avec le point précédent.
… avantage : une mobilité qui peut être géographique par changement d'employeur en passant d'une commune à un EPCI, …	Piste pour question : « Qu'est-ce qu'un EPCI ? »
… professionnelle par changement d'emploi, un adjoint du patrimoine pouvant successivement occuper un emploi d'accueil dans un musée puis un emploi d'archiviste.	
Pour autant, il n'y pas que des avantages !	Sourire pour redonner la parole au jury et piste pour question : « Quels sont les inconvénients ? »

4. S'en sortir dans une situation difficile

Comment gérer son ignorance ?

Lors de l'entretien, une question peut vous être posée, vous plaçant dans une situation embarrassante : soit parce que vous ne parvenez pas à retrouver l'information, pourtant connue de vous – c'est l'habituel et redoutable trou de mémoire –, soit parce que vous ignorez totalement la réponse.

1. Avouez votre ignorance

• Un aveu d'ignorance n'est pas rédhibitoire, le trou de mémoire est admis. Le jury n'attend pas de vous un savoir encyclopédique. Il se peut même qu'à l'exception de l'auteur de la question, les autres membres du jury ignorent la réponse !

• **L'honnêteté intellectuelle et la franchise sont préférables à la recherche de faux-fuyants ou d'une réponse hasardeuse et surtout, et avant tout, au silence.** Il ne faut pas se bloquer ni laisser le silence s'installer, se prolonger, situation générant inévitablement un stress croissant. Il est préférable de redonner rapidement la parole au jury. Préférez alors « J'ignore, je ne connais pas… » au traditionnel « Je ne sais pas ». Évitez de vous dévaloriser : « Je n'ai pas révisé cette notion… » ou d'avoir recours à des formules éculées : « Je le sais pourtant », « Je l'ai sur le bout de la langue ».

2. Reprenez l'avantage

• La situation peut cependant se répéter au cours de l'entretien, d'autant que le champ des questions se révèle sans limite, et affirmer à plusieurs reprises son ignorance est susceptible de laisser une image trop négative.

• La solution idéale est donc d'éviter de se laisser enfermer dans le piège, de retourner la situation à son avantage. Une question fermée peut, la plupart du temps, permettre une échappatoire pertinente. À vous de trouver une ouverture, reliée au sujet, vous redonnant la primauté dans l'échange.

• Deux possibilités sont envisageables, pouvant d'ailleurs être combinées :
– **le recours à l'humour :** à pratiquer cependant avec prudence et finesse, en fonction de la personnalité des interlocuteurs, du caractère sérieux, voire strict ou décontracté de leurs propos. L'humour pourra d'ailleurs se révéler une arme majeure dans la gestion de l'ensemble des situations difficiles évoquées dans cette partie.

Exemples
Le jury – Quel est le vainqueur du dernier tour de France ?
Le candidat – Certainement un coureur dopé !
Le candidat – Je ne pense pas qu'il s'agisse d'un coureur français...

Énoncées sur un ton humoristique, ces réponses doivent alors s'accompagner des explications nécessaires sans attendre que le jury vous pose la question « Pourquoi » ?

– **une réponse ouverte**, mais directement reliée à la question.

Exemple
Le jury – Quel est le vainqueur du dernier tour de France ?
Le candidat – Bien que sportif et pratiquant le judo, le cyclisme et plus généralement le sport professionnel ne me passionnent pas, au contraire du cinéma...

Cette réponse fournit des orientations pour un questionnement éventuel du jury : « Pourquoi le judo et le cinéma ? » , « Pourquoi ce désintérêt pour le sport professionnel ? ».

Exemples
Le jury – Quel est le nombre exact de communes en France ?
Le candidat – Le chiffre exact m'échappe, mais il est certain que leur nombre est beaucoup trop élevé, justifiant ainsi le développement de l'intercommunalité...
Le candidat – Je ne connais pas le nombre exact, il me semble être aux alentours de 36 000 : en tout état de cause, ce nombre fait débat et conduit certains à envisager des regroupements...

Avec ces deux types de réponses, vous conduisez le jury sur le domaine de la coopération, connu de votre part.

Quelle que soit la stratégie adoptée, la réponse devra s'accompagner des explications nécessaires, toute affirmation devant être justifiée, ici encore plus qu'ailleurs puisqu'en définitive, vous ne répondez pas précisément à la question posée.

• Si vous connaissez la réponse à la question mais que vous êtes confronté à un **trou de mémoire**, deux approches sont possibles :
– sollicitez mentalement votre mémoire visuelle du document sur lequel vous auriez lu l'information ;
– procédez par association d'idées en élargissant le champ de la question pour mieux y revenir.
Cette stratégie offre également l'avantage de poursuivre parallèlement la recherche de la réponse si l'on a un trou de mémoire et de pouvoir intégrer l'information demandée dans le corps de sa réponse.

Exemple

Le jury – Quel est le nombre exact de communes en France ?

Le candidat – Les régions sont au nombre de 25 (la Corse n'étant pas au sens juridique du terme une région mais une collectivité à statut particulier), les départements de 100, quant aux communes, je crois qu'elles sont environ 36 000...

Dans cette hypothèse, le début de votre réponse vous aura servi à mobiliser votre mémoire un instant défaillante. Cette approche vous permet également de montrer comment vous élaborez votre réflexion.

Le jury ne doit pas, en définitive, conserver l'image d'un candidat ignorant et maladroit mais d'une personne capable de réfléchir, de rebondir, de donner une image positive d'elle.

Les pièges à éviter

– Ne pas répondre.
– Redonner trop rapidement la parole au jury.

Comment réagir face à une question ou une observation déstabilisante ou polémique ?

En réponse à vos propos, l'un des membres du jury peut poser une question sollicitant de votre part une prise de position sur un sujet délicat à traiter car polémique, provoquant des réactions exacerbées, extrémistes, radicales. Vous pouvez également avoir à faire face à une question incongrue et déstabilisante sans rapport avec le concours, voire provocante.

1. Ne portez pas de jugement

Vous devez vous interdire d'émettre un jugement sur la question posée ou l'observation émise par l'un de vos interlocuteurs. Évitez : « C'est une bonne question ». La réponse devra se situer sur le terrain des idées et non des sentiments, des émotions.

EXEMPLES

Imaginons l'observation suivante d'un membre du jury :

LE JURY – Une femme comme vous avec trois enfants en bas âge ne peut être qu'un problème pour un employeur !

Inutile de faire remarquer le caractère inadmissible, sexiste d'une telle affirmation : répondez sur le terrain de l'humour (réflexe toujours très efficace dans ce genre de situation) puis de l'argumentation :

LE CANDIDAT – Il n'y pas de problèmes, il n'y a que des solutions ! Et la solution réside dans ma capacité à gérer la garde de mes enfants et à concilier vie familiale et vie professionnelle. En effet...

De même, on peut imaginer d'autres types de questions déstabilisantes :
– pour un agent déjà en poste :

LE JURY – Êtes-vous bien à votre place dans la fonction publique ?

– pour tout candidat :

LE JURY – Que ferez-vous si vous n'êtes pas retenu ?

2. Demandez des précisions

Il s'agit d'un dialogue, non d'un interrogatoire. Rien ne vous interdit de demander éventuellement des précisions sur un terme, une partie de la question : « Qu'entendez-vous par... ? » plutôt que « Je n'ai pas compris votre question » ou « Pourriez-vous répéter votre question ? ». Vous pouvez également commencer à répondre tout en formulant votre question.

> **Exemple**
> Le jury – Quelles sont les attributions des représentants de l'État ?
> Le candidat – L'expression représentant de l'État est très large : un ministre en est un, tout comme un sous-préfet ou un maire. De quel représentant de l'État souhaitez-vous que je parle ?

3. Répondez efficacement

- Doit être rappelée ici l'importance, dans ce type de situations, du silence nécessaire au temps de réflexion précédant la réponse (*cf.* p. 54) et du recours à l'introduction. Une phrase introductive permet de se donner le temps de construire mentalement une réponse structurée en partant, par exemple, de l'un des termes du sujet que vous définirez. L'introduction peut aussi resituer le sujet dans son contexte, son actualité.
- Évitez la réponse banale : « C'est une question d'actualité. » En revanche, vous pouvez avoir recours (sans en abuser) à une formule comme : « C'est une question délicate, difficile, qui suscite des débats passionnés. »

> **Exemple**
> Le jury – Faut-il rémunérer les fonctionnaires au mérite ?
> Le candidat – Cette question, récurrente, connaît un regain d'actualité avec la mise en œuvre du RIFSEEP (régime indemnitaire tenant compte des fonctions, des sujétions, de l'expertise et de l'engagement professionnel) [*remise en perspective*]. Il est vrai qu'à l'heure actuelle, la rémunération des fonctionnaires se fait pour l'essentiel sur la base d'un positionnement statutaire et non du mérite [*énoncé de la règle statutaire de base*]. Faut-il rémunérer les fonctionnaires au mérite [*rappel de la question et fin de l'introduction*] ? Oui, et le statut le permet déjà avec, par exemple, la possibilité de bonification d'ancienneté dans le cadre de l'avancement d'échelon, l'avancement de grade ou la promotion interne au choix de l'employeur [*constat de l'existant*].
> Le mérite faisant référence ici à la valeur professionnelle des agents, à la qualité des résultats de leur travail, il me semble logique de prendre également en compte ce critère pour moduler la rémunération, notamment dans le cadre de l'attribution de primes. Dans le cadre de la gestion des ressources humaines, ce peut être un outil parmi d'autres de motivation. [*Position personnelle expliquée et porte ouverte à une question : « Quels sont les autres outils ? »*]

Mais le problème est celui de la subjectivité de l'appréciation que l'on peut porter sur la valeur d'un agent. Comment mesurer son implication, sa motivation, la qualité de ses résultats ? La réforme de la notation et son remplacement par l'évaluation peuvent contribuer à cette mesure. [*Anticipation d'objection et porte ouverte à des questions sur l'évaluation.*]

• Si la question ne vous inspire pas, mieux vaut cependant ne pas vous lancer dans une réponse longue. **Il est souvent préférable de redonner rapidement la parole au jury plutôt que de chercher à délayer**, à énoncer des idées générales sans aucun intérêt. Une réponse courte mais pertinente redonne la parole au jury, qui va éventuellement vous aider à progresser dans votre raisonnement.

Exemple

Le candidat – Oui, le mérite doit être une composante de la rémunération. Il peut représenter un élément de motivation, à condition d'être correctement apprécié. C'est tout l'enjeu de la mise en place du nouveau RIFSEEP (régime indemnitaire tenant compte des fonctions, des sujétions, de l'expertise et de l'engagement professionnel).

Questions alors possibles du jury :

Le jury – Quels sont, selon vous, les critères permettant d'apprécier correctement le mérite ? Pouvez-vous préciser les critères d'attribution du RIFSEEP ?

Les pièges à éviter

- Porter un jugement sur la question.
- Répondre pour répondre, sans avoir compris le sens de la question.
- Délayer des banalités.

Comment faire face à des questions en rafales ?

Des membres du jury peuvent éventuellement poser plusieurs questions qui se succèdent sans que vous puissiez répondre immédiatement à chacune d'entre elles. Ici encore, cela correspond à une réalité professionnelle où plusieurs personnes interviennent quasi simultanément au cours d'un échange. Dans cette situation, vous allez montrer votre capacité à mémoriser les interventions, à accorder de l'attention à chacun de vos interlocuteurs et à répondre en définitive à chacune de leurs attentes. Inutile en effet de chercher à répondre à une seule des questions en espérant que les autres membres oublieront les leurs !

1. N'interrompez pas le jury

• En tout état de cause, vous ne devez pas couper la parole aux membres du jury. Attendez calmement pour répondre que l'orage passe, que le dernier examinateur ait fini de poser sa question.

• Pour ne pas oublier des questions lors de votre réponse, n'hésitez pas à prendre en note les mots-clés, les points sur lesquels vous souhaitez revenir.

2. Choisissez un ordre de traitement des questions

• Vous pouvez choisir l'ordre de traitement des questions. Vous pouvez répondre :
– dans l'ordre où elles ont été posées ;
– dans l'ordre qui vous semble le plus pertinent ;
– dans l'ordre où vous êtes simplement le plus à l'aise.

• Ce dernier choix présente l'avantage (éventuel) de faire rebondir l'échange vers d'autres thèmes et, par conséquent, peut vous laisser une chance de ne pas revenir sur des points qui pourraient vous mettre en difficulté. Dans cette hypothèse, il est cependant recommandé, à la fin de l'entretien (alors qu'il ne reste que peu de temps), de montrer que vous n'avez pas oublié l'une des questions (qui plus est si vous en connaissez la réponse !).

Exemple

Le candidat – Si vous me le permettez, je souhaiterais revenir sur une question abandonnée en cours de conversation : juste pour préciser qu'en réponse à la question posée de savoir si..., je pense que...

3. Regroupez les questions

Vous pouvez également choisir de regrouper les différentes questions, prouvant ainsi votre capacité de compréhension et de structuration.

Exemples

Le candidat – L'une des questions n'appelle qu'une réponse brève et vous me permettrez de commencer par y répondre...

Le candidat – Deux des trois questions posées font référence à...

Les pièges à éviter

– Interrompre le flot des questions.
– Ne pas répondre à l'une des questions.

Comment faire face à une interruption du jury ?

Une interruption par le jury ne signifie pas que vous êtes sur une fausse piste ou que vos réponses ne l'intéressent pas. Votre interlocuteur peut chercher à tester votre réactivité, mais aussi et souvent, vouloir mieux comprendre vos propos.

1. Ne vous laissez pas perturber

Une interruption du jury ne doit pas vous perturber. Ne montrez pas votre éventuelle irritation en reprochant au jury de ne pas vous laisser le temps de vous exprimer (en précisant, par exemple « Si je peux terminer ma réponse... »). Vous devez répondre à la question posée mais le jury a la priorité !

2. Poursuivez ou revenez en arrière

• Écoutez l'observation, répondez à l'éventuelle question qui s'y rattache. Ensuite, à vous d'apprécier si vous laissez la conversation se poursuivre ou si vous souhaitez reprendre le cours de votre développement antérieur. Dans l'hypothèse où vous n'avez pas été en mesure de préciser un point particulièrement important, demandez l'autorisation de le faire au nouvel interlocuteur.

> **EXEMPLE**
> LE CANDIDAT – Si vous me le permettez, je souhaiterais revenir sur le point précédent en apportant un complément...

• L'indication sur votre feuille de prise de notes d'un mot, d'une expression, peut vous aider à vous souvenir de votre raisonnement au moment de l'interruption.

LES PIÈGES À ÉVITER

– Montrer votre agacement.
– Oublier votre raisonnement antérieur.

Comment gérer un silence prolongé du jury ?

Au cours de l'entretien, un silence prolongé du jury peut s'installer alors que vous avez achevé votre exposé ou votre réponse à la question posée. Le jury n'a nullement l'intention de vous piéger. Il cherche à tester vos réactions face à l'adversité, votre capacité à faire face à des situations imprévues, autant de situations pouvant survenir dans une vie professionnelle.

1. Respirez, souriez

- **Ici encore, restez calme :** ce silence ne signifie pas que vos propos sont erronés ou qu'ils sont incomplets. Cela peut être une mise en situation pour tester vos capacités, votre faculté à contrôler votre émotivité dans des circonstances inhabituelles ou plus simplement un temps de respiration du jury qui est à la recherche de nouvelles questions !
- **Gardez le sourire :** l'expression du visage ne doit pas trahir de réaction : pas de grimace, de soupir, d'étonnement narquois ou de signe d'incompréhension totale ! Il ne faut pas laisser l'émotion prendre le pas sur la réflexion mais garder son sang-froid, ne pas montrer que vous êtes en difficulté. Profitez-en pour respirer.

2. Ne laissez pas le silence se prolonger

- **C'est à vous de faire vivre le temps de la discussion :** ne laissez pas le silence s'installer, rebondissez.
- Vous pouvez rompre ce silence prolongé en repartant des propos tenus précédemment.

Exemple

Le candidat – Je souhaiterais d'ailleurs approfondir, revenir sur un point…

- **Évitez d'interroger le jury** avec des questions comme « Souhaitez-vous des précisions supplémentaires ? », « Me suis-je bien fait comprendre ? », « Avez-vous d'autres questions ? ».

Les pièges à éviter

- Laisser le silence se prolonger.
- Solliciter d'autres questions.

Comment répondre à des critiques ?

Il n'est pas rare que l'un des membres du jury prenne le contre-pied de votre position ou critique ouvertement les propos que vous venez de tenir. Comme dans toute situation difficile, cela ne signifie pas que vous avez tort. Il s'agit pour le jury, en multipliant les réserves, les objections, de tester votre force de conviction, votre degré de combativité, la cohérence de vos propos et votre capacité à gérer des situations conflictuelles.

1. Vous n'avez pas forcément tort

Face à un membre du jury exprimant une opinion critique sur vos propos, défendant une thèse inverse à la vôtre, **trois erreurs ne doivent pas être commises**.

• Donner immédiatement raison à votre interlocuteur, sans combattre, sans chercher à maintenir votre position.

> **EXEMPLE**
> LE CANDIDAT – Oui, vous avez raison, je me suis trompé...

→ Non !

• Donner l'impression que sa question et/ou les opinions émises n'ont aucun intérêt.

> **EXEMPLE**
> LE CANDIDAT – Quel est le rapport avec mes arguments ?

→ Encore moins !

• Rejeter l'erreur sur les membres du jury.

> **EXEMPLE**
> LE CANDIDAT – Vous avez mal interprété mes propos. Vous n'avez pas compris ce que j'ai voulu dire.

→ Surtout pas, même si vous le pensez très fort !

• Apprenez à garder votre calme. Le jury va vous tester et chercher à remettre en cause votre raisonnement, vous pousser dans vos retranchements pour vous déstabiliser, tester votre réaction au stress.

• Soyez sûr de ce que vous dîtes et sachez aller au bout de votre raisonnement.

2. Acceptez la critique

Plusieurs stratégies sont envisageables et cumulables, mais toutes supposent au minimum que vous vous interrogiez mentalement sur le bien-fondé de cette critique. Rien ne dit que vous avez tort. Vous avez le droit de ne pas être d'accord avec le jury, mais il conviendra de le dire avec courtoisie. Le ton ne doit être ni agressif, ni timoré.

• Vous pouvez reformuler la critique pour vérifier que vous avez compris l'observation de votre interlocuteur et dans le même temps construire votre réponse à l'objection.

> **Exemple**
> Le candidat – Si je vous ai bien compris...

• Vous pouvez répondre à une critique de portée générale par une question demandant à votre interlocuteur de préciser.

> **Exemple**
> Le candidat – Qu'est-ce qui vous fait dire cela ?

• Vous pouvez accepter les reproches, la remarque, mais faire valoir votre point de vue, reconnaître à votre interlocuteur la validité de ses arguments avant de lui opposer un argument contraire.

> **Exemple**
> Le candidat – Je dois admettre que vos arguments sont solides, mais j'ajouterai néanmoins que...

• Vous pouvez enfin faire de la critique un moyen de progresser, d'éclaircir vos propos.

> **Exemples**
> Le candidat – Mon expression était maladroite, je la corrigerai en précisant que...
> Le candidat – Effectivement mes propos manquaient de précision, c'est pourquoi j'ajouterai que...

Les pièges à éviter

– Ne pas accepter la critique.
– Donner immédiatement raison à votre interlocuteur.

Comment reconnaître son erreur ?

Au cours de l'entretien, sauf si vous êtes extrêmement brillant, il est facile pour plusieurs personnes unissant leurs efforts de trouver une faille dans votre raisonnement. Il faut donc savoir accepter le principe d'une mise en échec et demeurer positif. Sauf erreur grossière, inacceptable au regard du concours, ou erreurs à répétition, le jury connaît la difficulté de l'épreuve et reconnaît le droit à l'erreur. Dites-vous qu'au-delà de la réponse, c'est votre sens de la répartie, votre présence d'esprit et votre aptitude à communiquer qui feront la différence.

1. Reconnaissez votre erreur

L'erreur doit être reconnue (si elle existe !), rapidement analysée et corrigée (si possible). L'important, comme toujours, est de montrer que vous réfléchissez, de savoir reconnaître une éventuelle erreur et de la corriger, immédiatement si cela est possible, ou lors d'un moment « creux » de la discussion, voire en fin d'entretien en demandant au jury la permission de revenir sur le point.

2. Retournez la situation à votre avantage

- Sachez reconnaître votre erreur en cherchant à ne pas laisser le jury sur une impression négative. Essayez de retourner la situation à votre avantage.

EXEMPLE

LE JURY – Vous avez cité les collèges comme compétence de la région, or ils relèvent du département.
LE CANDIDAT – Mon erreur illustre bien la difficulté du citoyen à identifier correctement la répartition des compétences entre les différents niveaux de collectivités ! Effectivement, les écoles primaires relèvent de la commune, les collèges du département, les lycées de la région et l'université de l'État.

Dans cette réponse, le candidat prouve qu'il ne s'agissait que d'une simple erreur due au stress, à un moment d'inattention.

- Si vous ne trouvez pas d'élément complémentaire pour retourner la situation à votre avantage, vous pouvez simplement faire observer : « Je me suis effectivement trompé » ou « Ma réponse est effectivement erronée ».

• Évitez, en tout état de cause, les réponses comme : « Je vous prie de m'excuser » (→ inutile de vous excuser !) ou « Je ne connais pas trop les compétences des collectivités territoriales » (→ inutile d'en rajouter !).

• **Attention !** Même si cela est rare, le jury peut choisir de vous faire douter de vos propos. Votre interlocuteur peut vous faire remarquer « Vous êtes sûr de ce que vous dites ? », observation toujours très déstabilisante. Cette question peut aussi avoir comme objectif de vérifier si vous êtes dominé par le jury ou si vous savez maintenir vos positions.

LES PIÈGES À ÉVITER

– Vous effondrer.
– Ne pas reconnaître votre erreur.

Comment désamorcer l'agressivité d'un membre du jury ?

Un membre du jury peut volontairement (pour tester votre réaction dans une situation délicate : une agression verbale d'un usager, un conflit entre collègues…) ou involontairement (du fait de son caractère) se placer dans une relation d'agressivité, en élevant la voix et en prononçant des paroles que vous jugerez excessives.

1. Ne répondez pas sur le même ton

Ne répondez surtout pas sur le même registre, ne donnez pas l'impression de répondre à la provocation par la provocation en faisant remarquer, par exemple : « Vous ne m'avez pas compris » ou « J'en ai parlé tout à l'heure ! ». Maîtrisez votre agressivité pour éviter de devenir antipathique aux yeux des autres et risquer ainsi de faire inévitablement empirer la situation à votre désavantage.

2. Gardez votre calme

Comme dans toute situation difficile, le bon réflexe est de garder son calme pour ne pas envenimer la situation. Les sentiments ne doivent pas prendre le pas sur la raison. Un fonctionnaire doit savoir garder de la mesure, adopter un comportement pondéré. **Votre attitude, qui consistera** à ignorer l'agression, **à ne retenir que le fond et non la forme**, peut constituer un moyen de désamorcer, de faire retomber la tension.

Exemple

Imaginons le dialogue suivant dont le point de départ repose sur une erreur d'interprétation de la question par le candidat.

Le jury – Qu'est-ce qu'un EPCI ?
Le candidat – Une communauté de communes est un EPCI…
Le jury – Vous n'avez pas répondu à la question ! Vous le faites exprès ?
Le candidat – Vous m'avez demandé de vous citer un EPCI…
Le jury – Non, je vous ai demandé ce que c'est, non de vous limiter à un exemple, ma question était pourtant simple pour quelqu'un qui a un niveau de diplôme tel que le vôtre !

LE CANDIDAT – Effectivement. En fait, un EPCI est un établissement public de coopération intercommunale, c'est-à-dire une institution décentralisée chargée de gérer des compétences qui lui ont été transférées par les communes membres.

Après chaque observation de l'interlocuteur pouvant effectivement être considérée comme excessive, le candidat n'est pas tombé dans le piège volontairement ou involontairement tendu par l'interlocuteur.

LES PIÈGES À ÉVITER

– Répondre sur le même registre agressif.
– Vous laisser intimider.

5. Mettre en valeur votre parcours et votre personnalité

Comment préparer la présentation de votre parcours professionnel ?

La présentation de votre parcours professionnel, d'une durée variable selon les épreuves (un minimum de 5 minutes, pouvant atteindre dans certains concours et examens 30 minutes), constitue une entrée en matière importante qui mérite d'être préparée avec sérieux. Le recensement exhaustif des étapes de votre parcours doit s'accompagner d'un travail de sélection et de hiérarchisation des informations que vous fournirez au jury.

1. Recensez les étapes de votre parcours

- Vous devez, dans un premier temps, **dresser la liste complète des différentes étapes de votre parcours professionnel**. N'oubliez pas de distinguer votre expérience éventuelle du privé et du public. Lors de ce recensement, vous devez noter des données concrètes : vos interlocuteurs, le nombre d'agents encadrés, le nombre d'utilisateurs du service, le budget… Ces informations, bien choisies et sans excès, sont essentielles pour donner la dimension et l'importance du poste, mettre le jury en situation d'apprécier vos activités réelles.
- La brièveté d'un parcours professionnel ou le caractère limité des expériences ne doivent pas être vécus comme un handicap. Ce qui importe, c'est de positiver, de donner du sens, de vous justifier sans attendre les questions du jury : l'âge, la situation familiale ou un choix de vie constituent autant d'explications que le jury est prêt à entendre et à accepter.
- **Cette première étape peut prendre la forme d'un tableau** devant comporter plusieurs entrées que vous compléterez en tant que de besoin sur la base des indications fournies dans le tableau proposé ci-contre. Cette présentation formelle permet de repérer ensuite plus facilement les caractéristiques majeures de votre parcours. Le recensement ne doit pas se limiter à un simple descriptif des tâches. Il s'agit de lister l'ensemble des données du parcours qui vous valorisent, révèlent vos aptitudes. Vous pourrez également mentionner les périodes extraprofessionnelles révélant des qualités reliées à l'emploi postulé (*cf.* p. 99).

	Structure	Statut	Emploi	Formation	Apports
1. Période d'emploi	• Secteur : privé ou public. • Principales caractéristiques de l'administration ou de l'entreprise.	• Fonctionnaire ou contractuel ; (CDD ou CDI). • Progression de carrière : passage de concours et/ou d'examens professionnels.	Nature des fonctions, des activités exercées : – principales missions ; – responsabilités confiées ; – degré d'autonomie ; – réalisations ; – publics visés...	Formations suivies : nombre de jours, objet et nature (théorique ou pratique)...	• Apports sur le plan du développement personnel. • Les aptitudes professionnelles mises en pratique, acquises ou développées : savoirs, savoir-faire, savoir-être...
2. Période d'emploi	...	...	...	...	...

• Sachez distinguer les différents éléments que vous mettrez en avant dans votre présentation :

– **les savoirs :** les connaissances théoriques, techniques

→ connaissance du statut de la fonction publique, des nouvelles réglementations en matière de sécurité, de l'utilisation des logiciels de traitement de texte... ;

– **les savoir-faire :** les compétences, la capacité à réaliser une tâche donnée, à mettre en œuvre une procédure spécifique

→ rédiger un arrêté de nomination d'un stagiaire, sécuriser un équipement nautique... ;

– **les savoir-être :** les qualités personnelles, les modes de comportement → capacité à diriger, travailler en équipe, réagir face une situation délicate, sens des responsabilités, esprit d'initiative...

2. Sélectionnez et hiérarchisez les informations

La restitution ne peut – au regard du temps de l'exposé – et ne doit – au regard de l'intérêt des informations – pas être exhaustive. L'exposé professionnel n'est pas l'exposé d'un CV.

Une fois recensées les données de votre parcours, vous allez devoir les retravailler en les sélectionnant et les hiérarchisant pour mieux vous mettre en valeur.

Sans excès de présomption, **vous devez convaincre le jury que votre parcours vous qualifie naturellement pour occuper le poste à pourvoir**. Les informations doivent donc être mûrement réfléchies et sélectionnées.

• **Quelles données écarter ?**

Vous pouvez éluder les périodes courtes, peu concluantes. Pour autant, n'écartez pas d'office tout incident de parcours : tout le monde a droit à l'erreur, l'essentiel étant d'en faire l'analyse, d'en tirer des enseignements. Votre souci de réflexion, d'authenticité peut notamment se manifester en évoquant et en expliquant les difficultés éprouvées, les réponses apportées pour les surmonter.

> **Exemple**
> Le candidat – J'ai connu une première année de stage en catégorie B assez difficile : mon directeur me reprochant de le questionner systématiquement, et sur des points de détail, sur des dossiers dont j'avais la charge. Pour moi, il s'agissait de ne pas commettre d'erreur dans un domaine complexe (les acquisitions foncières), sujet à contentieux. Mais ses remarques m'ont conduit à me remettre en cause, à acquérir plus d'autonomie, d'assurance dans l'accomplissement de mes missions. J'ai notamment élargi mes recherches documentaires pour retrouver seul l'information…

Mais ne profitez pas de l'occasion pour régler des comptes avec une administration, un supérieur ou des collègues. Le jury pourrait avoir l'impression que vous rejetez toujours la faute sur les autres et cherchez à fuir vos responsabilités.

> **Exemple**
> Le candidat – J'ai connu une première année de stage en catégorie B assez difficile, mais il faut dire que mon directeur était tout le temps sur mon dos.

→ À éviter !

L'exercice d'une activité privée rémunérée autorisée par le statut (*cf.* p. 183), en parallèle d'une activité d'agent public, ne doit pas être écarté, surtout si cette activité est en rapport avec vos fonctions : formateur, consultant notamment. En revanche, indiquer que l'on complète ses fins de mois avec quelques heures de ménage n'a pas d'intérêt.

Mentir par omission est possible : il est préférable de n'évoquer que des sujets maîtrisés pour éviter d'être mis en difficulté. Mais sachez résister à l'envie d'enjoliver votre carrière, car vous prenez ainsi le risque de vous contredire lors de l'échange.

• **Quelles données mettre en valeur ?**

Se limiter à conserver un état des services faits, une liste simplement descriptive des tâches effectuées, **n'a aucun intérêt**. Il faut éviter de faire une présentation stéréotypée ponctuant systématiquement chaque étape du parcours de l'apport sur le plan du développement professionnel, car cette approche induirait inévitablement des répétitions inutiles.

Vous devez prendre de la hauteur par rapport au travail effectué au quotidien, donner du sens à vos activités, à votre carrière. Il vous faut **construire un exposé traduisant la logique d'un parcours, ses lignes de force**. L'idéal est d'identifier deux ou trois idées autour desquelles vous allez organiser votre exposé, expliquer votre évolution professionnelle et personnelle, préciser l'intérêt de vos actions, les compétences acquises et développées au cours des expériences successives.

Beaucoup plus que les missions du service, **c'est la mise en valeur de vos capacités professionnelles, de votre volonté de progresser qui est essentielle** : n'hésitez pas à montrer l'importance des responsabilités qui vous ont été confiées, vos prises d'initiatives, votre participation à des missions délicates, à la mise en œuvre de la réorganisation de services. Mettez l'accent sur les formations suivies et leur adéquation avec les fonctions exercées et/ou le projet professionnel.

Vous devez donner un sens à votre carrière, ne pas donner l'impression au jury que le temps, les événements ont commandé, mais qu'au contraire, vous avez choisi, voulu les temps forts de votre carrière.

Sachez enfin anticiper les questions du jury en expliquant votre parcours sans pour autant prévoir de longs développements sur ces questions. Il s'agit simplement de donner envie ensuite au jury de vous interroger plus en profondeur sur ces aspects.

> **EXEMPLES**
> LE JURY – Pourquoi l'entrée dans la fonction publique ? Pourquoi ce choix d'administration d'emploi, de domaine d'activité ? Pourquoi cette mobilité/cet immobilisme ?

3. La mobilité : atout ou handicap ?

• Un parcours « linéaire » ou au contraire une mobilité répétée ne constitue pas nécessairement un handicap. Il faut cependant vous préparer à vous justifier !

• Un changement fréquent d'emploi, d'employeur peut révéler une tendance à une certaine instabilité. Trop de postes occupés dans de courts délais peuvent également donner à penser que l'agent n'a pas eu le temps nécessaire pour acquérir l'expérience indispensable. Pourtant, la mobilité permet de diversifier les expériences, chacune se révélant profitable au gré des rencontres avec des partenaires multiples (élus, collègues, associations...). Une mobilité professionnelle gérée et donc réussie fait apparaître des capacités d'adaptation, une curiosité et une volonté de connaître des domaines nouveaux et d'acquérir des compétences complétant celles précédemment détenues.

• L'hypothèse d'un parcours caractérisé par un « immobilisme professionnel » peut vous faire apparaître comme un spécialiste possédant une réelle capacité d'expertise

mais avec le risque d'une étiquette marquant un profil évoluant difficilement. Deux éléments vont alors être particulièrement appréciés par le jury :
– la mise en valeur de responsabilités croissantes confiées au sein d'un même service, démontrant la confiance de l'employeur quant à vos capacités d'évolution ;
– la démonstration d'une capacité d'ouverture, permettant de réutiliser des fonctions de spécialiste dans un contexte plus large en vous projetant dans l'avenir, ce qui est particulièrement important pour des personnes n'ayant eu que des fonctions d'exécutant et souhaitant accéder à un grade d'encadrement.

Exemples

Un agent initialement recruté sur des fonctions d'installation de logiciels et de maintenance peut insister sur l'appui technique qu'il représentait pour les services et les conseils qu'il a pu apporter, sur l'importance de l'outil informatique tant sur le plan interne qu'externe.

Un agent cantonné à des fonctions de secrétariat du conseil municipal (convocation, suivi des séances et des délibérations, affichage, transmission aux services...) pourra mettre en valeur l'importance du conseil, un organe au cœur de l'action publique, le contact avec l'ensemble des services et des élus et une éventuelle orientation envisagée sur un service en charge de la rédaction.

REMARQUE

De plus en plus de concours ou d'examens exigent des candidats la constitution d'un dossier comportant un CV, une description des fonctions, voire une lettre de motivation, documents qui seront connus du jury. L'exposé devant le jury ne doit pas alors ne constituer qu'une simple répétition des données connues de vos examinateurs, mais retracer votre cursus de façon synthétique tout en apportant une réelle plus-value, en précisant et en développant ce qui n'est pas écrit sur le document que possède le jury.

LES PIÈGES À ÉVITER

- Vouloir tout dire.
- Vous limiter à des informations généralistes.
- Multiplier exagérément les données chiffrées, techniques.
- Enjoliver, mentir sur votre parcours.
- Vous dévaloriser.

Comment présenter votre parcours professionnel ?

L'exposé du parcours professionnel offre au jury une première grille d'analyse du candidat, conditionne l'échange qui suit, constitue un point d'appui pour les premières questions. En outre, il s'agit du seul moment où vous avez la maîtrise totale de la situation afin de mieux contrôler l'émotion toujours présente en début de prestation. Cette restitution devant le jury doit être réalisée sur la base d'un plan préalablement défini (prouvant votre aptitude à l'analyse et à la synthèse) et sans note (ce qui prouve votre capacité de communication).

1. Structurez votre présentation

La conduite de l'exposé professionnel est entièrement laissée à la libre appréciation du candidat. Il n'existe pas de plan type, mais vous devez prévoir une introduction, un développement organisé en parties et une conclusion.

• L'introduction

L'entrée en matière doit être brève. Elle vous permettra de vous présenter en précisant notamment votre état civil (nom, prénom, âge, situation familiale éventuellement, sans entrer dans les détails), votre statut, la structure d'emploi et vos fonctions actuelles.

EXEMPLE

LE CANDIDAT – Jean Portier, j'ai 42 ans et je suis agent de maîtrise principal dans une commune de 7 500 habitants située en zone rurale. Je suis responsable des services de la voirie, service composé de 13 agents.

REMARQUE

S'agissant de la fonction publique territoriale, il est conseillé, au nom du principe de neutralité des épreuves, de ne pas citer le nom de la (ou des) collectivité(s) d'emploi, sauf si le jury vous le demande. Précisez alors simplement s'il s'agit d'une commune (rurale ou urbaine, donnez aussi le nombre d'habitants), d'un département, d'une région ou d'un établissement public. Donnez les indications qui permettent au jury de connaître la nature de la collectivité.

La fin de l'introduction doit annoncer de façon explicite le plan de l'exposé sans chercher l'originalité.

Exemple

Le candidat – « Deux points-clés caractérisent mon parcours... » ou « Pour préciser mon parcours j'évoquerai deux points... ».

- **Le développement**

Structuré en trois points au maximum, le développement constitue le cœur de l'exposé. Plusieurs options sont ouvertes pour exposer votre parcours.
Le plan chronologique a le mérite de la simplicité et peut être utilisé notamment dans l'hypothèse d'un parcours comportant deux ou trois temps successifs.

Exemple

Le candidat – J'ai débuté ma carrière dans une petite commune comme agent technique. (...) Puis, après avoir réussi un concours, j'ai muté et je suis devenu agent de maîtrise. (...) Enfin, depuis peu, je suis agent de maîtrise principal. (...)

Cette approche risque de se révéler monotone et ennuyeuse pour les membres du jury, qui ont besoin d'être surpris.

Préférez-lui cependant **le plan thématique,** qui permet de mettre en perspective votre carrière, en mettant l'accent sur deux ou trois axes, les caractéristiques majeures de votre parcours, sans rechercher un équilibre absolu des parties. Ainsi, même dans l'hypothèse de l'expérience précédente, il est préférable d'envisager deux parties :
– La première partie précise les fonctions et le grade successifs, la justification d'un éventuel changement (dans ce cadre, vous pouvez adopter un plan chronologique si les expériences sont peu nombreuses).

Exemple

Le candidat – Du fait de ma formation, mes différents emplois ont concerné jusqu'à présent la voirie. J'ai en effet un CAP de... Devant gagner ma vie et souhaitant rester dans ma région d'origine, j'ai débuté ma carrière en 1997 dans une toute petite commune de 500 habitants comme agent technique par recrutement direct. J'étais agent de nettoyage de la voirie. (...) Le choix de la fonction publique est en fait le résultat d'une opportunité. L'agent en poste est parti à la retraite et un élu me connaissant m'a conseillé de présenter ma candidature. En 1999, après avoir réussi le concours d'agent de maîtrise, j'ai muté pour une commune voisine, ma collectivité d'origine ne souhaitant pas créer ce poste. J'étais (...) Enfin, depuis 2006, après avoir réussi un examen professionnel, je suis agent de maîtrise principal dans la même collectivité. J'exerce les fonctions de responsable des services de la voirie, service qui est composé de 13 agents.

– La seconde partie met en valeur la progression dans les responsabilités, les apports sur le plan du développement personnel.

> **Exemple**
> Le candidat – Cette stabilité dans le domaine professionnel s'est accompagnée d'une progression dans la carrière, les responsabilités et l'acquisition de compétences, notamment dans le domaine de l'encadrement avec le suivi de plusieurs formations spécifiques...

• **La conclusion**

Relativement brève, la conclusion doit être conçue pour redonner la parole au jury, lui ouvrir éventuellement des pistes de questionnement. Vos derniers mots doivent donner une image positive, notamment en motivant le présent (passage du concours ou de l'examen) et en envisageant l'avenir (évolution professionnelle, *cf.* p. 102). Pour passer le relais au jury, n'oubliez pas d'indiquer par une formule (« en conclusion », « pour conclure ») que vous êtes parvenu au bout de votre exposé. Une expression telle que « Je suis prêt à répondre à vos questions » est également admissible. En revanche, il est inutile de conclure par « Je vous remercie pour votre attention » ou encore moins par « J'ai fini » !

> **Exemple**
> Le candidat – Le concours de technicien que je présente aujourd'hui est une suite logique de mon parcours et je souhaite faire correspondre mes fonctions d'encadrant et mon statut en accédant à un cadre d'emplois de catégorie B. Ma collectivité envisage la création d'un emploi de technicien avec, en perspective, un élargissement de mon domaine d'activité à la responsabilité de la gestion du domaine funéraire. [*Porte ouverte pour une question du jury : « Qu'est-ce que vous entendez par domaine funéraire ? »*]. Ayant ainsi conclu mon exposé, je suis prêt à répondre à vos questions.

2. Maîtrisez votre parole

L'absence de notes rend l'exercice particulièrement difficile. Afin d'impressionner le jury de manière positive, vous devez d'abord maîtriser votre parole et respecter deux principes simples.

• **Parlez avec naturel, authenticité et spontanéité pour donner du relief à l'exposé :** ne récitez pas un texte appris par cœur mot à mot. Outre une prestation monocorde, vous courrez le risque d'un trou de mémoire, certes non rédhibitoire, mais toujours déstabilisant et ne pouvant qu'accentuer le stress. Apprenez en revanche par cœur l'introduction et la conclusion (moments qui vont marquer le jury), le plan et les points et mots-clés du développement.

• **Gardez la maîtrise du temps.** Lors de la préparation, rédigez intégralement l'exposé, lisez-le en vous enregistrant et en vous chronométrant, ce qui permettra d'enrichir votre développement ou, au contraire, d'éliminer certaines données. Minutez soigneusement votre exposé pour ne pas risquer d'être interrompu par le jury pour un dépassement du temps imparti, ce qui ne manquerait pas de vous déstabiliser.

3. Soyez attentif au vocabulaire employé

• **Employez les mots justes, professionnels.**

> **Exemples**
> Le candidat – « J'ai diagnostiqué, j'ai conçu » plutôt que « J'ai fait ».
> Le candidat – « J'ai informé, j'ai suggéré » au lieu de « J'ai dit ».
> Le candidat – « J'encadre, je dirige, j'anime... », de préférence à « Je manage ».

Évitez cependant d'utiliser un langage trop technique, trop spécialisé. Il s'agit de se faire comprendre de l'ensemble des membres du jury.

• **Choisissez des verbes d'action** vous valorisant et mettant en évidence un parcours voulu et non subi.

> **Exemples**
> Le candidat – « J'ai postulé » plutôt que « Ma collectivité m'a affecté ».
> Le candidat – « J'ai saisi l'opportunité » et non « J'ai eu l'occasion ».

• **Privilégiez les formulations positives.**

> **Exemple**
> Le candidat – « Avec des moyens limités en personnel, j'ai cependant réussi à... » plutôt que « Je n'avais pas les moyens de... ».

• **Prévoyez l'alternance, non systématique, du style personnel** vous impliquant, vous rendant actif **et du style impersonnel**, en évitant le trop impersonnel « on » ou le trop narcissique « moi je ».

> **Exemple**
> Le candidat – « J'ai saisi l'opportunité de suivre des formations... » ou « L'emploi occupé présentait l'intérêt d'une relation directe avec l'usager... ».

Les pièges à éviter

– Ne pas structurer votre exposé.
– Présenter un exposé purement descriptif, factuel.
– Réciter un exposé appris par cœur.
– Employer un vocabulaire non maîtrisé.

Méthodologie de l'exposé du parcours professionnel (candidat avec expérience professionnelle) chronologie indicative pour une durée de 10 minutes
Objectifs : – mettre en valeur les compétences acquises et développées au cours de vos expériences successives ; – valoriser vos différences.
Introduction (1 minute environ) • État civil • Cursus scolaire/universitaire (*peut être indiqué également dans le développement*) • Statut, fonctions et collectivité actuels
Développement (7 minutes environ) *plan thématique (préférable)* • Parcours professionnel : structures et fonctions • Activités extraprofessionnelles reliées à l'emploi • Savoirs, savoir-faire, savoir-être acquis et/ou développés
Conclusion (1 à 2 minutes environ) • Motivation pour le concours (peut être indiquée également dans le développement) • Projet professionnel

Comment préparer et présenter votre parcours personnel ?

La personnalité du candidat peut faire l'objet de questions au cours de l'échange, ou bien doit être intégrée dans l'exposé préalable du parcours professionnel et/ou personnel. Les conseils donnés pour le parcours professionnel s'appliquent à l'identique. Il vous faut procéder à un recensement exhaustif des informations vous caractérisant, puis à une sélection, une hiérarchisation et une restitution structurée, sans notes, des données essentielles donnant du sens à votre présence devant le jury. Vous devez sans cesse avoir à l'esprit les questions suivantes : pourquoi donner cette information au jury, que révèle-t-elle de ma personnalité qui soit en ma faveur ?

1. Sélectionnez les informations relatives à votre vie privée

• Si l'on excepte le nom du candidat, son âge, sa situation familiale (célibataire ou non, enfant(s) ou non), les seules informations utiles relatives à la vie privée sont celles qui expliquent une rupture dans une chronologie fournie au jury sans pour autant rentrer dans les détails.

Exemples
– Interruption d'activité pour se consacrer à ses enfants.
– Disponibilité pour exercer une activité privée (dans cette hypothèse, précisez quelle activité et pourquoi ce choix).
– Reclassement professionnel pour inaptitude physique…

• Prévoyez les traditionnelles questions sur l'âge si vous êtes aux deux « extrémités » de votre carrière.

Exemple
Le jury – « N'êtes-vous pas trop jeune pour ce poste ? » ou « Vous êtes à deux ans de la retraite : quel est votre intérêt à passer ce concours ? »

2. Mettez en valeur votre cursus scolaire/universitaire

• Il s'agit d'exposer le(s) titre(s) ou diplôme(s) obtenu(s) (brevet des collèges, baccalauréat, CAP, master…) sans en faire une énumération exhaustive : indiquez simplement le plus récent et/ou le plus significatif en précisant l'année et la spécialité éventuelle. Il peut être intéressant de le mettre en rapport avec les fonctions postulées ou d'associer le choix des études à un aspect de la personnalité que l'on cherche ainsi à mettre en valeur.

• **En cas de « surdiplôme »** par rapport au concours ou à l'examen présenté, deux stratégies sont envisageables :
– ne pas en faire état en cas d'écart trop important ;
– en faire état, mais en anticipant l'inévitable question sur le choix du concours.

> **Exemple**
>
> Le jury – Pourquoi présentez-vous le concours d'adjoint et non celui d'attaché au regard de votre Bac + 3 ?
>
> Le candidat – Il ne s'agit pas d'une solution de facilité mais d'un choix délibéré d'entrer rapidement dans la vie active. Après une première expérience, je compte d'ailleurs présenter les concours du niveau supérieur.

Ne commettez pas l'erreur de justifier votre choix sur la base d'éléments négatifs : le niveau trop élevé du concours d'attaché, ou des responsabilités trop importantes !

• La mention d'éventuels stages en entreprise ou en collectivité au cours des études, de petits « boulots » ne peut que se révéler utile, à condition là encore d'en faire un atout : « une première expérience », « le moment du choix du service public »...

• **En cas d'absence de diplôme,** ce qui n'est pas en soi dévalorisant, sachez justifier cette situation en expliquant au jury les causes d'une scolarité abrégée. Vous pourrez également retourner cette situation à votre avantage en valorisant les apports d'une entrée rapide dans le monde du travail et/ou un engagement personnel. L'âge, l'expérience des rapports humains et socioprofessionnels, un réel effort de formation continue et de perfectionnement professionnel constituent autant d'atouts face à de jeunes candidats fraîchement diplômés.

3. Faites de vos activités extraprofessionnelles un atout

Certaines activités peuvent se révéler particulièrement valorisantes, en adéquation avec le profil recherché par le jury. N'attendez donc pas que le jury vous questionne et sachez sélectionner l'information.

• **Les activités associatives, syndicales ou fonctions représentatives**
L'implication dans la vie associative (militant actif dans l'action caritative ou dans un parti politique, encadrant d'une équipe de jeunes dans un club sportif...) ou l'exercice de fonctions représentatives (élu, délégué syndical...) traduisent un sens des responsabilités, une volonté de participer à la vie collective, de donner du corps à un

engagement citoyen. Un mandat d'élu local représente par exemple un atout pour la compréhension des difficultés de gestion ou de la relation élu/fonctionnaire. Soyez alors concret ! Vous ne devez pas ainsi vous contenter de signaler que vous avez acquis à l'occasion une capacité d'encadrement : vous devrez illustrer cette affirmation en précisant quelles difficultés et solutions vous avez rencontrées et mises en œuvre.

> **EXEMPLE**
>
> LE CANDIDAT – Cette expérience de dirigeant d'association m'a permis de développer par exemple des capacités de gestion des conflits à l'occasion de tension entre salariés. L'écoute, le dialogue sont nécessaires mais il faut aussi faire preuve de fermeté lorsqu'il s'agit de prendre des décisions pas toujours très bien accueillies.

Dans l'hypothèse d'activités multiples, vous devez vous attendre à une éventuelle question sur la possibilité/difficulté de concilier vie personnelle, engagement militant et activité professionnelle !

- **Les loisirs et les centres d'intérêt**

Faut-il expliquer au jury sa passion pour le sport, son goût de la poésie ou du jardinage, les moyens d'occuper son temps libre ? Oui, sans hésitation, si vous êtes un candidat sans expérience professionnelle, que le libellé de l'épreuve exige un temps de présentation personnelle ou que le jury vous demande de vous présenter en quelques mots. Le jury peut également, au cours de l'échange, décider de vous questionner sur ce thème, de poser des questions plus personnelles sur vos loisirs récréatifs, vos goûts.

Prévoyez la (les) traditionnelle(s) question(s) sur le dernier livre lu, film vu, voyage effectué, ce que vous aimez ou n'aimez pas. Vous avez le droit d'être un fan de la Juventus de Turin, un amoureux des échecs, de l'Égypte ancienne ou de cuisine, de ne pas aimer le sport, l'opéra ou de détester les serpents. Mais il vous faudra savoir expliquer vos choix et vos centres d'intérêt : analyser vos passions, être capable de réfléchir sur vous-même, sur ce que cela vous apporte, révèle de votre personnalité, cela prouvera au jury que vous êtes une personne qui se questionne. **Sans rechercher systématiquement le lien avec les fonctions postulées, soyez apte cependant à expliquer ce que révèle votre passion** pour les échecs (qualités d'attention, de réflexion et d'anticipation...), ce que vous apportent les longues randonnées que vous affectionnez (vous déstresser, vous éloigner du tumulte ambiant...).

Soyez, comme toujours, sincère, authentique. Ne vous risquez pas à inventer un personnage : le jury, par des questions plus précises, sera facilement en mesure de vous piéger.

Méthodologie de l'exposé du parcours personnel **chronologie indicative pour une durée de 5 minutes**
Objectifs : – dévoiler votre personnalité ; – valoriser vos différences.
Introduction (30 secondes) • État civil
Développement (2 à 3 minutes) • Cursus scolaire/universitaire • Stages/formations éventuels • Centres d'intérêt, loisirs • Activités extraprofessionnelles
Conclusion (1 à 2 minutes) • Motivation • Projet professionnel

LES PIÈGES À ÉVITER

– Fournir des détails inutiles.
– Mentir sur vos centres d'intérêt.

Comment préparer et présenter votre projet professionnel ?

Le jour de l'épreuve, vous devez être en mesure de justifier votre présence devant le jury (pourquoi ce concours ?) mais également de vous projeter à court et aussi à moyen terme, d'envisager non pas toute votre vie future mais au moins les prochaines années.

1. Projetez-vous dans l'avenir

• Le jury sera en droit d'exiger que vous répondiez aux questions relatives au court terme : réussir un concours, certes, mais pour en faire quoi ? S'agissant du moyen et du long terme, le jury peut comprendre que vous n'ayez pas de plan de carrière, que vous saurez saisir les opportunités se présentant à vous. Le droit d'hésiter vous est reconnu, par exemple, entre demeurer dans un secteur professionnel déterminé ou évoluer vers des postes plus transversaux. Vous avez le droit également de ne pas avoir de projet précis, celui-ci étant encore en voie de maturation.

• Quel que soit votre positionnement (décision ou indécision), **vous allez devoir prouver au jury que vous avez préalablement réfléchi sur la suite de votre parcours**. Cette réflexion devra faire preuve de sincérité et de réalisme : n'inventez pas, là encore, un personnage qui ne vous ressemble pas, ne soyez ni trop modeste (avoir de l'ambition, vouloir faire carrière n'est pas nécessairement négatif) ni trop ambitieux. Présentez des perspectives plausibles, en rapport avec ce que vous avez fait jusque-là.

• Pour vous préparer à présenter votre projet professionnel, vous devez avoir réfléchi aux questions suivantes, questions qui peuvent d'ailleurs vous être posées en cours d'entretien.

Exemples

Le jury :

– Quel domaine d'emploi envisagez-vous ?

– Quel type d'administration vous attire : une petite structure à taille plus humaine ou une administration plus impersonnelle ?

– Recherchez-vous un emploi polyvalent ou spécialisé ?
– Accepteriez-vous un emploi avec des contraintes spécifiques, des conditions d'emploi fluctuantes ?
– Que ferez-vous dans 1 an ?
– Dans 5 ans, serez-vous toujours dans la fonction publique ?
– Comment vous voyez-vous dans 10 ans ?
– Avez-vous un plan de carrière ?
– Vous avez toujours travaillé dans des petites structures ou dans tel domaine ou dans telle région : envisagez-vous un jour d'élargir votre horizon ?
– Une mobilité temporaire dans le privé vous tente-t-elle ?

2. Envisagez une mobilité

• Évoluer, cela ne signifie pas obligatoirement quitter la fonction publique, changer d'administration d'emploi ou de domaine professionnel. Ce peut être la volonté, l'envie de se voir attribuer d'autres tâches : ne pas être uniquement sur le terrain, affecté à des tâches d'exécution, mais gérer une équipe, accéder à des emplois de conception, quitter l'opérationnel pour le décisionnel.

• Vous pouvez légitimement expliquer votre souhait de faire carrière dans la même collectivité, la même administration. L'attachement à votre région d'origine, à vos racines familiales, l'attrait pour un domaine d'activité constituent autant d'arguments que le jury est prêt à entendre.

• **En tout état de cause, vous ne devrez pas apparaître comme quelqu'un refusant le changement :** aujourd'hui non, mais peut-être demain ! Le statut de la fonction publique repose sur la distinction du grade (titre juridique correspondant au positionnement dans la carrière) et de l'emploi (fonctions exercées dans la structure d'emploi) : tout en conservant le même statut, le fonctionnaire peut envisager une mobilité professionnelle par un changement de fonctions, soit au sein de son administration par mutation interne, soit par un changement de structure d'emploi par mutation externe ou détachement (*cf.* p. 177).

LES PIÈGES À ÉVITER

– Ne pas vous interroger sur l'avenir.
– Apparaître comme opposé à toute évolution, mobilité.

Comment identifier et présenter vos qualités et vos défauts ?

Les questions sur les qualités et les défauts restent un passage quasi obligé de l'entretien : « Citez vos deux qualités et vos deux défauts majeurs. » « Quelle est votre plus grande qualité et/ou votre plus grand défaut ? ». Certes non originales, comme souvent d'ailleurs les réponses proposées, ces questions permettent au jury de juger la perception que vous avez de votre propre personnalité. Vous aurez donc le réflexe de soigneusement préparer vos réponses. À vous de vous différencier intelligemment, que ce soit dans la phase d'identification ou de présentation devant vos interlocuteurs. Savoir reconnaître ses points forts et ses points faibles nécessite un minimum de réflexion personnelle sur soi, mais aussi et surtout une prise en compte de l'image que vous renvoyez à votre entourage.

1. Évaluez vos réussites et vos échecs du passé

• **Une autoévaluation est absolument indispensable pour mieux vous connaître.** Pour ce faire, vous pouvez, dans un premier temps, vous arrêter sur les réussites et les échecs du passé. En vous interrogeant sur les raisons qui les ont suscités, vous pourrez ainsi débuter votre liste.

> **Exemple**
> Sept échecs au permis de conduire ne vous ont pas empêché de le réussir à la huitième tentative : vous êtes persévérant.
> Votre appartement n'est jamais rangé : vous êtes désordonné.

Inspirez-vous ensuite de votre parcours scolaire en vous remémorant les appréciations de vos professeurs. Étiez-vous lunatique, studieux, rigoureux, bavard, dispersé… ? N'hésitez pas à interroger vos centres d'intérêt. Si vous êtes adepte des sports collectifs, cela révèle votre capacité à travailler en équipe. Votre tendance à flâner dans les musées révèle votre curiosité intellectuelle.

• **L'attention portée aux défauts des autres peut aussi grandement aider.** Il est toujours beaucoup plus facile de percevoir les défauts des autres que de faire son autocritique. Pourquoi ne pas transformer cette tendance en opportunité pour apprendre des choses sur vous ? Si vous estimez que votre voisin est peu sociable, interrogez-vous afin de déterminer si vous ne l'êtes pas non plus. Vous pensez que le boulanger pourrait sourire plus souvent, mais êtes-vous quelqu'un de souriant ?

• **Le point de vue de votre entourage est enfin capital.** N'hésitez pas à effectuer un sondage autour de vous. Interrogez le plus de proches possibles en diversifiant les approches : famille, amis, collègues de travail. Un regard extérieur, même s'il ne fait pas toujours plaisir à entendre, apportera un complément indispensable pour que vous ayez une vision globale de vos qualités et surtout de vos défauts.

2. Faites une sélection

• **Vous allez devoir choisir vos défauts et qualités** tout d'abord en relation avec votre personnalité. Votre discours ne devra pas être contredit par votre comportement ! Le concours préparé, les fonctions futures constitueront également des critères de choix non négligeables. Sans bien sûr que cela soit exhaustif, la mise en valeur des qualités attendues d'un fonctionnaire, qualités intellectuelles (rigueur, franchise, sens de la mesure, ouverture d'esprit…) ou comportementales (générosité, capacité à hiérarchiser les priorités, disponibilité…) ne pourra qu'être un atout. Retenez des caractéristiques trouvant une application dans votre vie professionnelle ou mieux, dans le cadre du poste auquel vous postulez : être un fin cordon bleu n'apportera aucune valeur ajoutée à votre prestation, à moins que vous ne tentiez le concours d'adjoint technique, option restauration collective.

• En sens inverse, **certains défauts auront intérêt à rester cachés**.

Exemples

Le candidat – Je suis paresseux, toujours en retard.

Peut-être, mais inutile de le dire !

Le candidat – Je suis individualiste et j'ai le goût du risque, du danger.

Dans le cadre collectif que constitue la fonction publique, mieux vaut ne pas le révéler !

Autant sélectionner des points faibles ne prêtant pas à conséquence dans un cadre professionnel.

3. Valorisez vos points forts, minimisez vos points faibles

• Vous allez devoir valoriser les points positifs et minimiser les éléments négatifs. À tout prendre, il est préférable de choisir des défauts pouvant également, par certains aspects, révéler des qualités.

Exemple

Le défaut que constitue l'entêtement révèle la qualité de ténacité.

Un perfectionnisme excessif indique néanmoins l'existence d'une volonté de toujours atteindre le meilleur résultat possible.

Remettre au lendemain ce que l'on peut faire le jour même conduit à faire apparaître le côté stimulant et créatif de la pression ainsi générée.

La tendance à douter de soi-même permet de prendre des décisions mûrement réfléchies.

L'ambition ne doit pas masquer le désir de progresser.

- La relation fonctionne dans les deux sens. On a les défauts de ses qualités et inversement ! Une qualité poussée à l'extrême devient vite un défaut : la rigueur devient rigidité, le dynamisme agitation…
- **Pour mieux minimiser vos défauts, montrez ce que vous faites pour vous en débarrasser.**

Exemple

Le candidat – Pour corriger ma tendance à remettre au lendemain, je m'astreins à établir un découpage des tâches planifiées par ordre de priorité avec une échéance impérative.

- **Pour mieux justifier vos allégations sur vos points forts, illustrez en expliquant l'occasion de mise en œuvre.**

Exemple

Le candidat – Cette adaptabilité au changement et mon sens de la relation à autrui m'ont notamment servi lors du mouvement de territorialisation des services de ma collectivité, car il m'a fallu passer d'une fonction spécialisée sans relation avec le public à un poste plus polyvalent comportant, pour une part, l'accueil des usagers.

- **Le même genre de questions peut concerner vos valeurs, positives ou négatives.** La notion de « valeur » renvoie aux repères que vous estimez importants pour guider une vie, à ce qui vous fait agir ou réagir, à ce que vous trouvez « beau » ou inadmissible dans le comportement humain : la justice (l'injustice), la générosité, la tolérance (l'intolérance), la solidarité, le respect d'autrui, l'honnêteté (la malhonnêteté) représentent autant de données que vous devrez savoir expliciter et justifier.

Les pièges à éviter

– Ne pas savoir répondre et/ou expliquer votre réponse.
– Vous dévaloriser.

6. Mettre en valeur votre motivation

Comment expliquer votre candidature ?

La plupart des libellés réglementaires des épreuves d'entretien mentionnent la motivation comme critère de sélection des candidats. Entre deux personnes de compétences et connaissances égales, la motivation peut ainsi être un élément déterminant. Vous allez devoir convaincre le jury que votre présence n'est pas due au hasard, mais qu'elle est le résultat d'une volonté d'être acteur de votre carrière, d'une action s'inscrivant dans le cadre de la poursuite d'un objectif. Aucun candidat ne peut faire l'économie de ce questionnement aux multiples facettes. Dans les développements qui suivent, il n'est pas question de répondre à votre place, mais de vous donner quelques pistes à creuser. À vous de les adapter à votre profil et votre personnalité, au concours ou à l'examen que vous présentez, avec des mots qui vous correspondent, en évitant cependant de plates banalités. À vous de réfléchir honnêtement aux événements et raisons qui ont conduit à votre candidature.

La motivation doit porter sur le métier mais également sur la structure d'emploi dans laquelle se positionne le candidat. « Contrôleur de travaux, aide-soignant, certes, mais pourquoi dans l'administration ? », « Secrétaire administratif dans les ressources humaines, bien sûr, mais le secteur privé offre également des postes comparables ! » De multiples arguments sont avancés par les candidats pour justifier leur présence devant le jury, le choix de présenter un concours ou un examen professionnel. Si tous sont recevables, encore faut-il savoir les exprimer, avoir un discours qui ne heurte pas les membres du jury. Le service public offre des atouts, des opportunités non négligeables qu'il convient de présenter correctement.

1. Expliquez votre attrait pour le service public

• Quel que soit le concours, vous devrez faire apparaître votre intérêt pour le service public, ne pas apparaître comme un simple demandeur d'emploi. Évitez cependant tout discours emphatique, enflammé sur votre sens inné de l'intérêt général qui ne convaincra personne. Soyez sincère sans en rajouter ! Les membres du jury, notamment pour les concours de catégorie C, savent pertinemment que les candidats sont souvent à la recherche d'un emploi, d'une stabilité financière. Pour autant, ne négligez pas une réflexion préalable sur **le sens et les valeurs du service public**.

• En premier lieu, soyez capable d'**expliquer la notion de service public** (*cf.* p. 166), car même pour un concours de catégorie C, le jury ne pardonnera pas une ignorance du sens que le droit donne et que vous donnez à cette expression.

• En second lieu, sachez compléter les traditionnelles expressions – **service de la communauté**, adhésion aux valeurs, **maintien du lien social** – par une démonstration rigoureuse, une illustration concrète du sens que vous leur donnez.

Exemple

Le candidat – Le service public, pour moi, c'est le service de la collectivité dans un but d'intérêt général. C'est élaborer les règles juridiques, fournir les prestations nécessaires à la vie collective et au maintien d'une solidarité entre les individus, pour le compte et sous le contrôle des citoyens. Les agents publics ne sont d'ailleurs pas des salariés comme les autres. Ils agissent sous la direction d'un pouvoir politique directement élu par les citoyens de la collectivité et chargé de donner les orientations de l'action publique.

• La **volonté de se mettre au service de la collectivité**, dans des fonctions qui doivent échapper à une pure logique financière, sera en tant que de besoin privilégiée.

Exemples

Le candidat (agent territorial spécialisé des écoles maternelles) – L'éducation est une mission-clé du service public, d'une intervention où toute logique de profit est absente. Et même si elle n'est pas obligatoire, l'école maternelle est un moment important du développement de l'enfant. Elle est l'occasion d'une socialisation, d'un apprentissage des règles. Le service public est ainsi complémentaire de l'action des familles.

Le candidat (policier) – La police est une des missions essentielles du service public. Elle est le garant non seulement du respect des règles, de l'exécution des lois mais aussi de la cohésion sociale. Un État, une collectivité ont besoin de forces de l'ordre. C'est une contrainte pour le citoyen, mais c'est aussi la garantie des libertés individuelles, le droit de voir sa personne et ses biens protégés.

• **Un partage, une appropriation des valeurs, des idéaux qui motivent les personnes chargées des fonctions publiques s'avéreront des atouts majeurs.** À cet égard, la lecture du *Livre blanc sur l'avenir de la fonction publique* et en particulier du chapitre consacré aux valeurs ne peut être que vivement recommandée (*cf.* rubrique « À consulter » p. 171).

Sachez notamment mettre en valeur votre adhésion aux valeurs spécifiques du service public, prouvant votre capacité à distinguer clairement secteur privé et public. Ainsi la **dimension non marchande de multiples activités publiques, l'absence de recherche systématique du profit** doivent être mises en avant. Votre connaissance et approbation des exigences du principe d'égalité et de ses corollaires (neutralité, laïcité, impartialité), l'un des fondements majeurs de la spécificité du service public, ne pourront que constituer un atout supplémentaire.

• **Montrez cependant que vous êtes conscient que** les barrières entre secteur public et secteur privé ont tendance à s'estomper, que **le service public doit se transformer et intégrer** en les adaptant, et sans renier ses principes traditionnels, **des valeurs telles que la performance**, l'efficacité collective et individuelle, l'individualisation du traitement des situations. Montrez également que vous n'ignorez pas les difficultés liées au fait de concilier des principes, des valeurs contradictoires.

> **Exemple**
> Ainsi, l'égalité impose un traitement identique des usagers, mais les exigences de solidarité, de fraternité et d'équité justifient des dérogations à la norme intégrant la prise en compte de la souffrance, de la grande pauvreté.
> La rationalité administrative conduit à envisager la fermeture de structures, mais l'aménagement équilibré et solidaire du territoire pousse à maintenir des équipements même non rentables économiquement.

• N'oubliez pas de **« questionner » vos études, vos centres d'intérêt pour expliquer l'éventuel « déclic »**.

> **Exemple**
> Le choix de la fonction publique peut s'expliquer par votre attirance pour le droit public, droit par essence inégalitaire, dont les mécanismes destinés à assurer la supériorité de l'intérêt général sur les intérêts particuliers ont suscité votre curiosité, puis votre intérêt, enfin votre choix de l'administration, domaine par excellence de sa définition et de sa mise en œuvre.
> Votre goût pour l'histoire des États, leur formation et leurs relations, peut également expliquer le choix de la sphère publique.

• Le choix d'un secteur d'intervention pourra aussi constituer le point de départ de votre réflexion.

> **Exemple**
> Votre engagement en faveur du développement durable, votre volonté de participer à la lutte contre l'exclusion et les discriminations vous destinaient naturellement à agir dans le cadre de la fonction publique, dans la mesure où la puissance publique a un rôle-clé à jouer et dispose des outils pour une action efficace.

• Soyez cependant attentif à ne pas trop idéaliser pour autant, à ne pas croire que l'administration peut tout et tout de suite. Montrez que vous êtes conscient des contraintes politiques, financières, organisationnelles et normatives.

2. Évoquez la garantie de l'emploi sans en faire votre seul argument

Le statut de la fonction publique offre d'indéniables avantages dont celui non négligeable de la garantie d'emploi et de carrière (*cf.* p. 174). Comment se positionner : faut-il l'évoquer ou au contraire soigneusement éviter ce terrain ?

• Sur ces questions, il faut là encore rappeler que les jurys ne sont pas constitués de novices. La protection contre le chômage que représente le statut est un motif suffisant pour expliquer la croissance du nombre de candidats au concours, surtout dans une période de crise caractérisée par la précarité de l'emploi salarié.

• Il est donc préférable de **jouer la carte de la sincérité**, de présenter ou de ne pas nier cet argument, surtout pour des candidats en situation précaire ou pour l'accès à un emploi de catégorie C. Mais ces motifs ne devront pas, bien évidemment, constituer votre seul argument. La fonction publique ne constitue pas un refuge pour se protéger, se mettre à l'abri des difficultés de la vie !

> **Exemple**
> Le candidat – Mes deux précédentes expériences professionnelles dans le privé se sont soldées par des licenciements économiques. J'ai en outre débuté en intérim où la multiplication de contrats successifs de courte durée sans assurance pour l'avenir n'aidaient pas à envisager l'avenir avec sérénité. Sans en faire une priorité, il est vrai que la stabilité que représente le statut constitue un avantage non négligeable.
> Le jury – La stabilité professionnelle est-elle votre seul objectif ?
> Le candidat – Non, bien sûr : lors de ma période de recherche d'emploi, j'ai effectué un remplacement de courte durée dans une commune où j'ai découvert le service public. Ma formation et mon expérience d'électricien ont été appréciées par le directeur des services qui m'a orienté sur ce concours en me montrant les perspectives d'évolution professionnelle.

• De même, les perspectives de promotion et d'augmentation de traitement peuvent être mentionnées mais sans s'y arrêter lourdement.

3. Argumentez en faveur de l'évolution de votre carrière

Les éléments évoqués précédemment conservent toute leur pertinence pour un candidat déjà en poste dans l'administration. Les données qui suivent leurs sont cependant destinées en priorité.

• Comme toujours, l'honnêteté, la sincérité doivent être privilégiées mais pour autant, **éliminez tout élément négatif**.

> **EXEMPLES**
> LE CANDIDAT – La réussite à cet examen professionnel me permettra, et ce n'est pas négligeable en ce moment, d'augmenter le montant de ma retraite.

Passer un examen professionnel pour améliorer le montant de votre retraite ne peut que vous desservir ! Rien ne vous oblige d'ailleurs à signaler que vous êtes à un ou deux ans de la retraite. Vous devrez trouver un autre argument plus convaincant pour le jury. Si le jury connaît votre âge, vous pouvez mettre en avant le défi que représente pour vous cet examen, la perspective d'un dernier poste à responsabilité...

> LE CANDIDAT – La réussite à ce concours me donnera enfin l'occasion de quitter mon administration actuelle.

Votre motivation ne doit pas être négative : évitez d'évoquer votre ennui, vos difficultés dans le poste actuel !

• Même si cela est convenu, l'avancement de grade et, *a fortiori*, le changement de corps ou cadre d'emplois représentent le moyen d'**accéder à des responsabilités supérieures**. L'accès potentiel à de nouvelles fonctions, plus valorisantes, moins répétitives, mécaniques, une autonomie accrue dans la réflexion et l'action constituent un point de départ pour l'analyse de votre motivation, point qu'il conviendra de développer, d'expliciter avec des exemples concrets.

> **EXEMPLES**
> LE CANDIDAT (adjoint administratif) – J'exerce à l'heure actuelle des fonctions de secrétaire se limitant à taper des textes rédigés par d'autres. Je souhaiterais ne plus être cantonné à des tâches d'exécution, certes nécessaires, mais élargir mon horizon professionnel à des activités de rédaction.
> LE CANDIDAT (technicien principal) – Je souhaite postuler pour des emplois de direction des services techniques d'une petite collectivité. Cela me permettra de passer d'une vision verticale, sectorisée des tâches, à une capacité de gestion transversale.

- Se rapprocher des sphères de décision, être en situation de faire passer des idées au service d'un projet politique constitueront des arguments pertinents à ne pas négliger pour les candidats à des emplois de catégories B et A.
- Enfin, vous pourrez également arguer du fait que la réussite à un concours ou à un examen professionnel représente, outre une satisfaction personnelle, une validation, une reconnaissance de vos capacités, de vos aptitudes à progresser.

LES PIÈGES À ÉVITER

– Ignorer les valeurs du service public.
– Apparaître comme un demandeur d'emploi.
– Se limiter à une motivation négative.

Comment prouver votre motivation ?

Sans constituer un défaut rédhibitoire, une connaissance faible – voire une totale méconnaissance – de la fonction publique et de ses composantes, des missions et activités de l'administration d'emploi ne peut qu'être jugée négativement. Il est donc important que vous ayez une bonne culture administrative générale, notamment des structures dans lesquelles vous pourriez être amené à travailler. Il s'agit de démontrer que vous vous intéressez à votre futur ou actuel employeur, preuve supplémentaire de votre motivation.

1. Démontrez votre connaissance de l'administration

• Aucun candidat ne peut faire l'économie d'une réflexion sur ce qu'est l'administration, son rapport au pouvoir politique, son mode d'organisation et de fonctionnement, ses problèmes actuels : la remarque vaut également pour la notion de fonction publique, ses composantes, les droits et obligations des agents publics. Les pages 160 à 219 sont destinées à vous aider à comprendre et à mémoriser les grandes lignes de cette organisation spécifique.

• Il vous est notamment recommandé d'être en mesure de justifier votre choix entre les trois composantes de la fonction publique : État (FPE), territoriale (FPT) et hospitalière (FPH), donc de comprendre leurs spécificités. Si celles-ci sont évidentes pour la fonction hospitalière, il n'en va pas de même pour la fonction publique d'État et la fonction publique territoriale que les citoyens ont eux-mêmes souvent bien du mal à distinguer.

• Le choix de la fonction publique d'État peut s'expliquer par la volonté de participer aux missions dites régaliennes (appartenant « par nature » à l'État), telles que la production des normes nationales, la justice, la police, les affaires étrangères, etc., tout un ensemble de missions participant au maintien de l'unité, de la cohésion nationale.

• Le choix de la fonction publique territoriale peut résulter d'une proximité, d'un contact direct avec le terrain, d'un contact immédiat avec ce pourquoi l'on travaille. Ce contact est également direct avec les élus, plus ou moins selon la taille de la collectivité et le positionnement hiérarchique de l'agent. La diversité des tâches propres à de nombreux emplois territoriaux, des champs d'action très variés, encore accrus par les multiples transferts de compétences au profit des collectivités représentent en outre des atouts non négligeables pour la fonction publique territoriale.

2. Démontrez votre connaissance de l'environnement professionnel et de l'actualité

• Au-delà des connaissances globales, vous devrez également porter une attention particulière à l'administration choisie, vous informer de manière précise sur les structures administratives au sein desquelles vous pourriez être amené à travailler.

• **Outre le choix de la fonction publique, il s'agira d'être en mesure d'expliquer le choix de la structure d'emploi** (centrale ou déconcentrée pour la FPE, commune ou intercommunalité, département ou région pour la FPT) **et du domaine d'activité** (ce qui vous attire dans le social, l'urbanisme, la gestion de l'eau...). L'indécision est cependant admise, dans la mesure où certains corps ou cadres d'emplois (notamment administratifs) offrent un large éventail de champs d'intervention. Sachez aussi situer l'emploi dans l'organigramme de l'administration. Un service n'est qu'une composante d'un ensemble plus vaste qu'il vous faut connaître.

> **Exemple**
> Le candidat – Une antenne territoriale de l'équipement chargée de l'entretien des routes nationales fait partie de la direction départementale des territoires, service déconcentré de l'État placé sous la direction du préfet [...]
> Le jury – Qu'est-ce qu'une administration déconcentrée ? Quelles sont les missions d'un préfet ?
> Le candidat – [...] représentant, à l'échelon local, le ministère, l'administration centrale en charge de ce secteur (en 2018 le Ministère de la transition écologique et solidaire [...]
> Le jury – Quel est le nom du ministre ? Quel est le rôle d'un ministre ?
> Le candidat – [...] le ministère étant une composante du gouvernement sous la direction du Premier ministre.
> Le jury – Qui est le Premier ministre ? Quelles sont ses fonctions ?

• Ces connaissances ne doivent pas rester que théoriques. Le jury est attentif, dans ses questions, à tenir compte de la situation spécifique de chaque candidat (avec ou sans expérience professionnelle, généraliste ou spécialiste), mais tout candidat doit faire preuve d'une ouverture d'esprit et d'une curiosité suffisantes pour éveiller son intérêt.

• Votre connaissance de l'actualité sur un plan global (organisation de l'administration, gestion des services publics et statut de la fonction publique) et sur un plan sectoriel (actualité de l'administration d'emploi) constituera un atout indéniable.

Plusieurs pistes sont à explorer :
– consultez en priorité les sites Internet des administrations concernées ;
– lisez les publications et bulletins des collectivités, assistez à des réunions publiques, à des séances des organes délibérants des collectivités décentralisées ;
– déplacez-vous lors des salons étudiants ;
– n'hésitez pas à solliciter un stage, un emploi ponctuel auprès d'une administration ;
– rencontrez et interrogez, si vous en avez l'occasion, des fonctionnaires en poste ;
– suivez l'actualité, prenez connaissance des problèmes, des thématiques en débat lors du passage de l'épreuve.

• **En tout état de cause, il ne faut pas que votre ignorance (nul n'est censé tout savoir) soit assimilée à de l'indifférence.**

LES PIÈGES À ÉVITER

– Méconnaître les bases du statut de la fonction publique.
– Ignorer l'actualité de l'administration d'emploi.

7. Mettre en valeur vos aptitudes

Comment prouver votre aptitude à exercer les fonctions ?

L'aptitude à exercer les fonctions figure naturellement parmi les critères classiques de sélection. Il s'agit, pour le jury, de déceler vos capacités à exercer au mieux les fonctions qui vous seront confiées. La présentation de votre parcours personnel et professionnel, les questions relatives à votre personnalité, vos qualités et vos défauts (*cf.* p. 104) vont contribuer à cette analyse.
Connaître les fonctions susceptibles de vous être confiées, les qualités nécessaires pour les exercer, les difficultés susceptibles d'être rencontrées, constitue un préalable indispensable. Comment justifier l'adéquation entre votre profil et le poste à pourvoir si vous ne détenez pas ces informations ?

1. Renseignez-vous sur le statut du corps ou du cadre d'emplois auquel vous postulez

Afin de prouver votre aptitude à exercer les fonctions du poste pour lequel vous concourez, il est indispensable que vous vous renseigniez sur le statut particulier du corps ou du cadre d'emplois du poste en question. Ces informations se trouvent dans des décrets ou arrêtés dont les références réglementaires vous sont données dans le dossier d'inscription. **Vous porterez une attention particulière au passage consacré à l'analyse des fonctions.** L'article concerné, toujours situé en début de texte, pourra vous apparaître souvent vague, mais il fournit déjà des indications intéressantes. Le statut de rédacteur de la fonction publique territoriale sert ici d'exemple (extrait de l'article 3 du décret n° 2012-924 du 30 juillet 2012).

Exemple

« *Les rédacteurs territoriaux sont chargés de fonctions administratives d'application. Ils assurent en particulier des tâches de gestion administrative, budgétaire et comptable, et participent à la rédaction des actes juridiques. Ils contribuent à l'élaboration et à la réalisation des actions de communication, d'animation et de développement économique, social, culturel et sportif de la collectivité.*
Les rédacteurs peuvent se voir confier des fonctions d'encadrement des agents d'exécution.
Ils peuvent être chargés des fonctions d'assistant de direction ainsi que de celles de secrétaire de mairie d'une commune de moins de 2 000 habitants. »

> *Les rédacteurs principaux de 2e classe et les rédacteurs principaux de 1re classe ont vocation à occuper les emplois qui correspondent à un niveau d'expertise acquis par la formation initiale, par l'expérience professionnelle ou par la formation professionnelle tout au long de la vie.*
> *Ils peuvent à ce titre réaliser certaines tâches complexes de gestion administrative, budgétaire et comptable, être chargés de l'analyse, du suivi ou du contrôle de dispositifs ou assurer la coordination de projets.*

Un candidat mal préparé n'aura pas remarqué la dernière phrase concernant les rédacteurs et sera peut-être en difficulté si l'un des membres du jury lui demande ce qu'est un secrétaire de mairie ! La définition de la notion d'encadrement, les compétences nécessaires pour encadrer devront avoir fait l'objet d'une analyse préalable.
Les questions susceptibles d'être posées peuvent s'anticiper.

> **Exemple**
> Le jury – Sauriez-vous diriger une équipe ? Comment régler un conflit ? Quelles sont les qualités d'un cadre ? Un cadre est-il un manager ?

REMARQUE
Plus vous progressez dans la hiérarchie, plus les questions relatives à l'encadrement vont se multiplier (*cf.* p. 209).

2. Renseignez-vous sur le métier concerné

• Vous trouverez dans les répertoires des métiers, propres à chaque fonction publique concernée, toutes les informations que vous devez connaître sur vos futures fonctions. Ces documents sont accessibles à partir du site Internet du ministère de la Fonction publique (www.fonction-publique.gouv.fr). À la différence du statut qui représente une approche juridique, ils constituent un descriptif concret des différents emplois, métiers pouvant être exercés dans la fonction publique. Vous y trouverez une analyse des missions potentielles, des savoirs et savoir-faire exigés, les spécificités du poste : un candidat à un emploi technique de l'équipement ou à un emploi de policier ne doit pas sembler découvrir le jour de l'entretien les contraintes liées au principe de continuité (travail de nuit ou astreintes de week-end) !

- **Il s'agit donc pour vous de vous projeter dans vos futures fonctions.** L'exposé préalable de votre parcours vous aura permis de mettre en valeur les qualités attendues pour remplir avec efficacité les fonctions susceptibles de vous être confiées. Dans l'hypothèse de l'absence d'un tel exposé, n'oubliez pas pour autant de réfléchir à ce qui, dans votre passé, votre personnalité, vos centres d'intérêt vous met en situation d'être le candidat qui présente le meilleur profil.

Un exemple de fiche-métier relevant de la fonction publique territoriale (instructeur des autorisations d'urbanisme) vous est fourni p. 205.

LES PIÈGES À ÉVITER

- Méconnaître les capacités exigées pour remplir au mieux ses fonctions.
- Ignorer les métiers potentiels du statut d'accueil.

Comment réagir face à une mise en situation professionnelle ?

Le jury peut également décider de vérifier sur un plan plus concret vos aptitudes à exercer les missions dévolues au corps ou cadre d'emplois. Le cas échéant, cette appréciation peut être réalisée sous la forme d'une mise en situation professionnelle. Il ne s'agit pas la plupart du temps de valider une expérience mais de se projeter dans l'avenir. Serez-vous en mesure de remplir correctement les missions confiées, de réagir avec rapidité et efficacité dans des situations déterminées ?
La mise en situation professionnelle s'apparente à un jeu de rôle dans lequel vous devez gérer une situation, un problème que vous pourriez être amené à rencontrer dans votre domaine d'activité ou vos fonctions.

1. Manifestez votre intérêt pour le réel

• Le jury peut vous proposer de résoudre un cas pratique afin de mesurer la démarche logique, le bon sens, le savoir-faire dont vous pouvez faire preuve. Si vous n'avez pas d'expérience professionnelle, ce n'est pas votre pratique professionnelle qui sera évaluée mais votre intérêt manifesté pour le réel, votre capacité à transposer des connaissances théoriques aux situations concrètes de travail.

EXEMPLES
LE JURY :
– Un usager vous agresse : comment réagissez-vous ?
– Un élu (un directeur) vous demande de commettre un acte illégal : que faites-vous ?
– Un enfant se blesse pendant la récréation : quels doivent être vos premiers gestes ?
– Vous êtes agent des douanes : si votre meilleur ami fume du cannabis, le dénoncez-vous ?
– L'un de vos agents refuse toute formation : quelle est votre attitude en tant que chef de service ?
– Vous êtes cadre A, votre directeur général vous charge de mettre en place le télétravail au sein de votre direction : comment procédez-vous ?

• La mise en situation peut présenter un caractère encore plus réaliste dans la mesure où vous devez réellement jouer un rôle et ne pas simplement répondre à une question. Vous pouvez disposer d'un téléphone et devoir répondre à un appel, d'un ordinateur et devoir procéder à des recherches de textes juridiques, à la mise en forme d'un écrit... Ce type de questionnement est fréquent pour les concours et examens de catégorie C.

• La liste des questions, des situations est inépuisable ! Vous ne pourrez pas toutes les préparer. Dans ces conditions, **ne paniquez pas**. Vous n'aurez pas systématiquement l'obligation de trouver immédiatement (voire en fin d'exercice) la solution, si tant est qu'il y ait une bonne réponse. Les jurys s'attachent le plus souvent à apprécier la méthode de travail, la manière de réagir.

2. Visualisez la situation

Ne vous précipitez pas pour répondre. Pour mieux vous imprégner du scénario proposé, prenez le temps de visualiser la situation. N'hésitez pas à poser des questions si vous estimez devoir préciser le contexte du cas proposé. Éventuellement, s'il est question de choisir parmi plusieurs scénarios possibles, précisez explicitement lequel vous choisissez. Vous pouvez également répondre en raisonnant à haute voix, ce qui permettra aux membres du jury de suivre votre réflexion. Bien entendu, chaque élément de réponse devra être justifié.

3. Utilisez votre expérience

• Vos référentiels et votre expérience personnelle et/ou professionnelle peuvent être utiles. N'oubliez pas de définir mentalement l'attitude que l'on attend d'un fonctionnaire responsable et/ou ce qu'il ne faut pas faire ou dire pour apparaître comme crédible aux yeux du jury.

EXEMPLES

LE JURY – Un directeur de service vous demande oralement de commettre un acte illégal : que faites-vous ?

LE CANDIDAT – J'obéis, car je suis soumis à l'obligation d'obéissance aux ordres du supérieur hiérarchique et je ne veux pas me retrouver au placard.

→ Non.

LE CANDIDAT – Je signale immédiatement cette illégalité à son supérieur hiérarchique, car je ne veux pas avoir à endosser la responsabilité en cas de problème.

→ Non.

Ces réponses ne sont bien évidemment pas acceptables. Elles révèlent un agent d'abord soucieux de son intérêt particulier.

> LE CANDIDAT – Ma première réaction est de faire remarquer au directeur l'illégalité de sa directive. Peut-être n'en est-il pas conscient : un cadre est souvent un généraliste et ne maîtrise pas forcément toutes les dimensions techniques, juridiques d'un dossier. Et il appartient aux fonctionnaires d'informer leurs supérieurs de tout élément pouvant être de nature à contrecarrer l'action publique. Ensuite, tout dépend de la suite que donne le directeur à sa demande (confirmation ou non) et de la gravité de l'illégalité. En cas d'ordre illégal et de nature à troubler gravement l'intérêt public, le statut impose un devoir de désobéissance...

Cette réponse traduit, d'une part une connaissance du statut, d'autre part le sens de l'intérêt général dont doit faire preuve tout agent public.

• Les mises en situation peuvent sembler intimidantes. Mais, une fois dans le feu de l'action, les candidats trouvent généralement rapidement leurs marques. Cela permet aux personnes qui sont mal à l'aise en entretien de montrer leur savoir-faire et leurs compétences lorsqu'elles sont confrontées à une situation réelle.

LES PIÈGES À ÉVITER

- Répondre immédiatement et instinctivement.
- Ne pas justifier votre réponse.

8. Réussir votre exposé de culture générale

Comment gérer votre temps de préparation ?

Que vous disposiez d'un temps de préparation de 20 ou 30 minutes, à vous de l'utiliser pleinement en vous organisant efficacement. Cela suppose bien sûr de vous être entraîné au préalable : en situation réelle, vous aurez en plus le stress à gérer, il est donc important de maîtriser au moins une méthodologie de base.

1. Décryptez le sujet (1 à 2 min)

• Cela peut sembler une évidence, un conseil superflu, et pourtant les rapports des jurys relèvent régulièrement la tendance de trop nombreux candidats à n'aborder que vaguement le sujet, à le saisir comme un prétexte à placer quelques idées sur un sujet voisin ou à déballer ses opinions, ce qui n'est pas la même chose que développer une réflexion personnelle. Trop souvent, un élément de l'énoncé est perdu de vue, le sens de la question est alors dénaturé et l'échange part sur des bases faussées.

• Concrètement, décrypter le sujet signifie :
– peser chaque terme de l'énoncé ;
– identifier tous les signifiés et signifiants d'un dessin ou d'une image ;
– pratiquer une première lecture rapide d'un texte.

2. Ne faites rien (1 à 2 min)

Vous devriez absolument vous astreindre à une courte « vacance » physique, sans papier ni stylo, les yeux fermés si nécessaire, de manière à laisser « monter » le sujet ou, autrement dit, à vous imprégner de lui. Ce laps de temps est important pour mettre en place la gestion mentale qui seule permet :
– de cerner l'intérêt du sujet, sa pertinence, son lien à l'actualité immédiate et à une actualité plus stratifiée (plusieurs mois, quelques années) ;
– de commencer à mobiliser un faisceau de notions et de concepts utiles au traitement du sujet ;
– de cerner la problématique induite par l'énoncé ;
– d'éviter ainsi, parce qu'on n'a pas révisé le sujet, de se jeter dans le faux espoir du « café du commerce ».

3. Recherchez vos arguments (8 à 12 min)

Vient une deuxième phase active de recherche des idées et des arguments, qui doit durer entre 8 et 12 minutes. Il est fortement conseillé de recourir à une grille qui permet de passer tout sujet à un questionnement méthodique. (La grille suivante fait référence aux trois sujets d'annales présentés pages 138 à 143.)

Grille méthodique pour la préparation à l'exposé de culture générale			
	Sujet 1 (*cf.* p. 138)	**Sujet 2 (*cf.* p. 140)**	**Sujet 3 (*cf.* p. 142)**
Nature du document	Article « L'accueil des gens du voyage (GDV) »	Sujet de réflexion : « L'extension des horaires des bibliothèques »	Sujet de réflexion : « La réforme des retraites »
Qui ? Qui est concerné, visé par le processus énoncé par le sujet ? Qui en est exclu ?	La communauté des gens du voyage, à savoir 350 000 personnes environ. Il s'agit d'une catégorie administrative inscrite dans la loi du 3 janvier 1969, désignant des personnes vivant de façon nomade « sans domicile ni résidence fixe circulant en France ou exerçant des activités ambulantes ». Elle ne comporte aucune notion ethnique ou communautariste	• Les agents de bibliothèque (universitaires, de santé, municipales, communautaires...) • Les usagers actuels et potentiels de ces équipements	• Les salariés du privé et du public • Les salariés du privé ayant eu une carrière pénible (compte pénibilité)

	Sujet 1 (*cf.* p. 138)	Sujet 2 (*cf.* p. 140)	Sujet 3 (*cf.* p. 142)
Par qui ? Qui en sont les instigateurs, les inspirateurs ? Ceux qui militent pour ce processus ? Qui pousse au changement, veut infléchir la situation présente ?	• Le gouvernement (rapport Derache) • Les collectivités territoriales (CT) • Les représentants des associations de gens du voyage • Des associations de solidarité et de lutte contre les discriminations	• Le ministère de la Culture et de la Communication (commande d'un rapport à la sénatrice Sylvie Robert) • Certains professionnels et responsables d'équipements	• Le gouvernement • Les partis politiques (PS) • Les organisations syndicales (CFDT)
Quoi ? Quel est l'objet, la mesure, le dispositif, la proposition ?	L'amélioration de l'accueil des gens du voyage sur l'ensemble du territoire	• Une plus grande amplitude horaire des bibliothèques (universitaires, municipales, communautaires, etc.) • Une adaptation des horaires au nouveau contexte sociétal, technologique • L'ouverture en soirée / nocturne / dominicale de certains établissements	La réforme des retraites
Pourquoi ? Quels sont les buts recherchés ? Les buts premiers et secondaires ? Les raisons officielles et officieuses ? Quelle(s) pression(s) éventuelle(s) s'exerce(nt) ?	• Lutter contre les inégalités de traitement, voire les discriminations • Renvoyer les élus à leurs responsabilités • Apaiser les relations • Aller vers une réforme du statut des gens du voyage	• Égalité entre usagers et territoires • Faciliter l'accès aux équipements des salariés aux horaires contraints • Tenir compte des nouveaux usages et attentes des usagers	• Réduire le déficit du régime général (20 milliards en 2020) • Prendre en compte les carrières pénibles, les inégalités hommes-femmes

	Sujet 1 (*cf.* p. 138)	Sujet 2 (*cf.* p. 140)	Sujet 3 (*cf.* p. 142)
Quand ? Quand le phénomène décrit (ou suggéré) par le sujet apparaît-il ? A-t-il eu des antécédents ? Des signes précurseurs, des annonces, des « brouillons » ? Y a-t-il un moment de rupture ?	• Statut administratif des gens du voyage (premier recensement 1895) • Carnet anthropométrique 1912-1969 • Loi de 1969 : titre de circulation obligatoire • Loi Besson (2000) revenant sur les insuffisances de la loi de 1969 et instaurant l'obligation pour les CT d'organiser l'accueil des GDV	• Question débattue depuis novembre 2015 • Lettre de mission du ministre de la Culture et de la communication (mars 2015) • Rapport de la sénatrice Sylvie Robert (novembre 2015)	Réformes des retraites : 1993 (réforme Balladur), 1999 (fonds de réserve pour les retraites), 2003 (réforme Fillon), 2008 (réforme des régimes spéciaux), 2010 (réforme Woerth)
Comment ? Quelles formes prend le phénomène ? Quel(s) dispositif(s) ? Quels modes opératoires ?	• Intégration de l'accueil des GDV dans les politiques d'urbanisme • Montée en puissance des EPCI et des services locaux de l'État dans la politique d'accueil	• Étendre l'ouverture à des horaires atypiques, quand les usagers sont disponibles (pause méridienne, soirée, week-end) • Possibilité d'ouverture le dimanche • Accompagnement financier par l'État dans le cadre de la dotation générale décentralisée (DGD)	• Allonger la durée de cotisation • Augmenter les cotisations • Intégrer des facteurs de pénibilité, d'accidents de carrière, de temps partiel

4. Mettez en forme vos idées, relisez-vous et détendez-vous (10 à 16 min)

Il vous reste environ 8 à 12 minutes pour mettre en forme vos idées sur une page recto (*cf.* p. 135), et 2 à 4 minutes pour vous relire, respirer un grand coup et vous détendre.

LES PIÈGES À ÉVITER

- Vous précipiter.
- Faire un hors-sujet.
- Déballer vos opinions.

Comment structurer votre exposé ?

Destinée à évaluer votre attention à l'actualité et au monde qui vous entoure, l'épreuve de conversation n'est pas (comme son nom ne l'indique pas assez) un bavardage impromptu vaguement relié à un sujet. De la même manière qu'à l'écrit, le jury attend avant toute chose un exposé organisé et étayé, c'est-à-dire structuré à l'aide d'un plan et nourri par une réflexion et des exemples. Le temps étant réduit à 8 minutes environ (épreuve de 20 minutes), il s'agit d'aller à l'essentiel.

1. Dégagez les idées fortes

- Il n'y en a pas des dizaines, mais sans doute **une idée-clé** et deux ou trois **idées secondaires**. À l'issue de la recherche méthodique proposée dans les pages précédentes, vous devez pouvoir poser sur le papier une question exprimant la problématique (idée-clé) et deux questions annexes issues de celle-ci.
- L'idée-clé, formulée sous forme de question, est appelée à devenir la colonne vertébrale de l'exposé, autour de laquelle vont s'organiser les arguments et les exemples.

	Sujet 1 (*cf.* p. 138)	Sujet 2 (*cf.* p. 140)	Sujet 3 (*cf.* p. 142)
Idée/question-clé	Pourquoi les récentes politiques d'accueil (loi Besson) n'ont-elles pas atteint leurs objectifs ?	L'extension des horaires des bibliothèques : une extension de la flexibilité du travail.	La réforme de 2013 rompt-elle avec la logique des réformes précédentes ?
Idée/question secondaire 1	Comment contrer l'inertie et le laisser-faire observés dans certaines régions ?	Concilier attentes des usagers et droits des salariés.	Une « doctrine » orientée vers la réponse au déficit par des moyens « classiques ».
Idée/question secondaire 2	Quelle perspective d'aller vers une évolution du statut des GDV ?	Égalité entre usagers et territoires : à quel prix ?	Une réforme dont certains principes peuvent sembler contre-productifs.

2. Faites un plan

Une fois une question simple – mais centrale – identifiée, il vous reste à organiser la trame d'un argumentaire, sous la forme d'un plan en trois parties : une introduction, un développement, une conclusion (pour la rédaction, *cf.* pages suivantes).

• L'introduction

L'introduction informe très vite sur l'angle d'analyse du sujet et annonce l'orientation de l'exposé, son plan. Par ailleurs, elle « accroche » le jury et lui donne envie de vous écouter. Ce point important a des conséquences formelles.
Plusieurs types d'accroches sont envisageables.
– Marteler les mots clés de la démonstration (équité/égalité républicaine, droit commun, solidarité). (Sujet 1)
– Interpeller en jouant sur le mot « extension » et l'autre domaine visé par le texte (le temps de travail, les droits des salariés, la déréglementation du droit du travail...). (Sujet 2)
– Inscrire l'actualité dans une histoire plus « longue » pour en signaler la profondeur. (Sujet 3)

L'introduction doit être rédigée, si ce n'est entièrement, du moins dans un style télégraphique efficace (*cf.* p. 135).

• Le développement

Un plan répond au double impératif d'ordre logique et de clarté. Il n'existe toutefois pas de modèle, et les ressorts peuvent varier en fonction du sujet. Si le plan en deux parties s'impose souvent, il ne constitue pas une règle inamovible, comme on le verra ci-contre.

	Sujet 1 (*cf.* p. 138)	Sujet 2 (*cf.* p. 140)	Sujet 3 (*cf.* p. 142)
Type de plan	Le sujet « L'accueil des gens du voyage » se prête assez bien à un plan **résolution de problème**.	Le sujet mérite sans doute un **plan de discussion** en trois partie.	Ici encore, un **plan de discussion** en trois parties dans une démarche comparatiste et analytique.

	Sujet 1 (*cf.* p. 138)	Sujet 2 (*cf.* p. 140)	Sujet 3 (*cf.* p. 142)
Plan possible	**I.** Rappel du dispositif prévu par la loi de 2000. **II.** Inégalités dans la mise en œuvre de la loi. **III.** Perspectives pour une gestion enfin harmonisée et non discriminatoire. Remarque : on aurait pu aussi traiter la question par un plan par **points de vue** examinant les différents regards sur la question : **I.** Les GDV, leurs associations, les associations de soutien aux GDV. **II.** Les élus des collectivités territoriales. **III.** Les représentants de l'État.	**I.** L'état des lieux et les préconisations. **II.** Attentes des usagers et droits des salariés. **III.** Extension des horaires et moyens des collectivités.	**I.** Le continuum historique. **II.** Les piliers de la réforme de 2013. **III.** Limites et incertitudes.

Avec ces exemples, la liste des plans possibles n'est pas épuisée. À garder en mémoire donc d'autres organisations possibles, notamment :
– le **plan de discussion** (arguments pour et contre) ;
– le **plan dialectique** (thèse, antithèse, synthèse) ;
– le **plan chronologique** (par dates ou époques charnières).
Ne pas oublier que c'est le sujet qui dicte le plan.

• **La conclusion**

Le rôle de la conclusion est le même qu'à l'écrit. Il s'agit, dans un premier temps, d'effectuer en une phrase un rappel concis des points abordés que le candidat estime essentiels. Dans un second temps, il s'agit d'ouvrir, d'élargir le propos, et surtout, par une remarque ou une nouvelle question, de préparer habilement l'échange avec le jury. La tactique propre à une bonne conclusion implique que celle-ci soit rédigée entièrement ou en style télégraphique, afin de ne pas laisser le hasard et le stress (mal) faire les choses, dans la précipitation et l'improvisation.

LES PIÈGES À ÉVITER

– Ne pas faire de plan.
– Faire l'impasse sur l'introduction et/ou la conclusion.

Comment « rédiger » votre exposé ?

Le peu de temps dont vous disposez et l'obligation de vous inscrire dans une situation de communication auront des conséquences pratiques évidentes sur votre façon de rédiger. Vous devez absolument faire simple, naturel et efficace.

1. Écrivez au recto

• Le résultat de vos réflexions doit absolument tenir sur quelques pages (1 par partie) écrites uniquement au recto. Vos fiches doivent être composées dans un style simplifié et avec des aides visuelles (flèches, cadres, mots soulignés...), et non pas rédigé *in extenso*. De toute façon, vous n'en avez pas le temps. Il s'agit de réaliser un « conducteur » ou un plan schématique constitué des éléments essentiels.

• Si vous rédigez intégralement, vous serez tenté de lire : automatiquement, votre ton, votre débit, votre présence face au jury en seront altérés. Qui plus est, si vous rédigez recto verso, vous serez embarrassé par vos notes que vous devrez manipuler. Encore une fois, c'est la permanence d'un contact naturel avec le jury qui est en jeu.

2. Rédigez l'introduction et la conclusion

• L'introduction et la conclusion de l'exposé ayant des visées stratégiques particulières, ce sont les seules qu'il convient de rédiger durant la préparation. Encore faut-il s'entendre sur le terme de rédaction : vous n'aurez pas le temps de peaufiner, et un texte trop léché vous ferait courir le risque évoqué plus haut (rester collé à votre page).

• La rédaction de l'introduction et de la conclusion doit utiliser :
- un langage clair et vivant (éviter le style trop « écrit ») ;
- des phrases courtes et simples ;
- des abréviations ;
- des articulations bien marquées (mots de liaison).

3. Utilisez des titres et des mots-clés pour le développement

• Ne rédigez pas le développement, préférez un ensemble bien organisé composé systématiquement de :
– titres : sous forme de question, groupe nominal, verbe à l'infinitif... ;
– mots-clés : notion, concept, attitude, politique, mesure, dispositif... ;
– exemples : date, lieu, protagonistes, exemplarité...
C'est l'architecture minimale qui va vous servir de guide lors de votre intervention.

• Veillez à ce que votre document soit d'un bout à l'autre lisible, sans ambiguïté possible, ni chevauchement ni ratures.

4. Utilisez abréviations, flèches et autres astuces

• L'important d'une abréviation, c'est sa parfaite lisibilité. N'inventez pas sur le coup un sigle que vous ne parviendrez pas à déchiffrer au moment de l'exposé. Là encore, il s'agit de recycler en situation des habitudes prises lors de l'entraînement à la prise de notes et à l'écriture rapide.

• On peut rappeler toutefois quelques abréviations classiques, sans oublier quelques liens logiques.

Auj	aujourd'hui	**Mvt**	mouvement
Bcp	beaucoup	**Nv/New**	nouveau
Cf	voir, se reporter à	**Pb**	problème
Chgt	changement	**Qd**	quand
Cpt	cependant	**Sté**	société
Ds	dans	**Svt**	souvent
Dvpt	développement	**Tjs**	toujours
Ex	exemple	**Tps**	temps
Gal	général	**W**	travail
Gd	grand	>	supérieur à
Hab	habitant	<	inférieur à
Id	idem, identique	⚠	attention, important
Imp	important	↑	progression, hausse
Js	jamais	→	conséquence

• Il n'est pas utile de tout noter, il est même vain de penser tout dire. Il est en revanche intéressant d'en garder pour la conversation. Par exemple, faire volontairement l'impasse sur une définition que vous connaissez bien ou sur un exemple réellement édifiant vous permettra de nourrir l'entretien avec le jury.

LES PIÈGES À ÉVITER

– Rédiger intégralement votre exposé.
– Rester collé à votre page.

L'accueil des gens du voyage

• Texte 1

Les députés ont adopté en première lecture dans la nuit de mardi à mercredi la proposition de loi socialiste relative au statut, à l'accueil et à l'habitat des gens du voyage. [...] Cette proposition de loi commence par supprimer les dispositions restantes, après sa censure partielle par le Conseil constitutionnel, de la loi du 3 janvier 1969 qui impose jusqu'à présent aux gens du voyage un livret de circulation et de choisir une commune de rattachement, la loi fixant un quota maximum de 3 % du total de la population communale. « *Ce qui vous est proposé aujourd'hui, et le gouvernement y est très favorable, c'est de mettre fin une fois pour toutes à ce régime administratif spécifique souvent vécu, à juste titre, comme une discrimination et de reconnaître une citoyenneté pleine et entière à ces Français qui l'attendent depuis bien trop longtemps* », a argumenté la ministre du Logement, Sylvia Pinel.

Maire-info.com, juin 2015

• Texte 2

Les gens du voyage font également valoir que les motifs de conflit récurrents en matière d'aires de grand passage tiennent à leur surface, souvent sous-dimensionnée au regard des besoins, et à l'absence de fourniture d'électricité (qui n'est pas une obligation pour les collectivités territoriales).

La création d'aires de grand passage, ainsi que la qualité de leur gestion, sont très diverses selon les départements. Cette diversité a de multiples facteurs : volontarisme plus ou moins grand des services préfectoraux et départementaux, forte densité de population qui laisse peu de terrains disponibles, tolérance variable à l'égard des gens du voyage, comportements inappropriés de certains d'entre eux [...]. Cependant, le manque d'aires de grand passage engendre le ressentiment des gens du voyage, et légitime, pour certains d'entre eux, les stationnements illégaux, faute d'autre solution.

Ce cercle vicieux est difficile à enrayer. Il serait sans doute souhaitable que le schéma des aires de grand passage soit établi au niveau régional plutôt que départemental, en liaison avec les intercommunalités. Les futures grandes régions disposeront d'un espace beaucoup plus vaste, et donc plus pertinent, pour suivre les grands passages et aménager les terrains d'accueil en conséquence.

Rapport d'information au Sénat, 2014-2015 (extraits)

Exemple de feuille de notes, support pour l'exposé oral du candidat

Introduction
En France, communauté des gens du voyage (GDV) = 350 000 personnes. Accueil encadré par loi Besson du 5/07/2000 : a mis ordre et équité dans un accueil inégal, source de frustrations et conflits. Bilan de cette avancée juridique et politique : insuffisante application de la loi > Inégalités persistantes > Rituels incidents d'occupations illégales de terrains = nécessité prise en charge solidaire (État / collectivités territoriales / opérateurs publics) >> Intégrer dans droit commun et égalité républicaine ces Français attachés à l'itinérance, dont l'accueil insuffisant accroit la stigmatisation.

I. État des lieux
– La loi de 2000 : obligation créer et aménager aires d'accueil pour les commune de + de 5 000 h (aide de l'État = 70% de la dépense).
– conditionne mise en œuvre des pouvoirs de police du maire (expulsion si occupation illicite d'un terrain).
– Préfet et président du CG responsables de l'élaboration schéma départemental : aires d'accueil et aires de grand passage (AGP) – objectif : éviter pénurie ici et sur-occupation là .
– Gestion des aires : assurée par communes ou associations ou sociétés privées (40%).

Transition : loi semble encadrer dispositif et indiquer direction, bilan souligne retard pris et persistantes inégalités.

II. Peut mieux faire
– Objectifs partiellement atteints : loin des 44 000 places prévues – important retard sur les AGP, à l'origine d'incidents médiatisés – difficulté pour localiser aires + surcoût d'aménagement du fait de leur éloignement des centres bourg.
– Inégalités territoriales : aires et AGP manquent particulièrement dans sud-est et sud-ouest – défaut d'engagement d'un grand nombre d'élus locaux – règne du « laisser faire au voisin » – mauvaise gestion des grands passages estivaux.
– Inégalités de traitement : gestion privée montrée du doigt (Cour des comptes a pointé *« risques pour finances publiques et qualité du service rendu aux usagers. »*).
– Inadéquation persistante de l'offre (nombreuses aires peu fréquentées.

Transition : le rapport du préfet Hubert Derache (juillet 2013) > Loi de juin 2015 (suppression du livret de circulation et autres mesures jugées discriminatoires) > Entrer dans une autre logique plus respectueuse des droits et de la citoyenneté des GDV.

III. Vers une gestion harmonisée et pensée en amont (orientations partiellement réalisées)
– Inscrire accueil des GDV dans le document d'urbanisme : SCOT, PLH, PLU.
– Étendre compétence obligatoire de construction et d'entretien des aires aux EPCI, moins soumis à pression locale.
– Renforcer pouvoir de substitution du préfet si non réalisation – suivi et contrôle des aires par services locaux de l'État.
– Impliquer organismes de logement social dans maîtrise d'ouvrage.
– Professionnaliser réseau des gestionnaires d'aires d'accueil et harmoniser cahier des charges.

Conclusion : L'accueil des GDV connaît des progrès « lents et inégaux » (rapport Cour des comptes 2017). Deux pistes d'avancée :
– Intégrer le développement de la sédentarité et « *le besoin d'un habitat adapté* » (idem).
– Élargir la notion d'accueil : pas seulement sur des terrains mais dans la communauté nationale (citoyenneté, scolarisation, etc.).

L'extension des horaires des bibliothèques

« L'argument invoqué autant par les syndicats que par les professionnels pour justifier l'extension des horaires d'ouverture des bibliothèques (...) est le sacro-saint accès à la culture pour tous. Notamment ceux qui en seraient pénalisés à cause d'horaires de travail laissant peu de place au temps libre. Ce consensus est tellement ancré dans le milieu des bibliothèques qu'ils en oublient le problème fondamental : l'accompagnement voire l'alignement pur et simple des horaires d'ouverture des bibliothèques sur un mouvement général qui tend vers une extension-flexibilisation du temps de travail imposé à tous.

Conditionner l'extension de l'ouverture des bibliothèques à l'accès à la culture pour le plus grand nombre est une imposture intellectuelle en lequel, hélas, les syndicats continuent à croire. Sans doute, parce qu'ils s'imaginent qu'avec la carotte des compensations horaires et/ou pécuniaires et le bâton du sacerdotal devoir du bibliothécaire de se soumettre à l'équation fallacieuse « Ouvrir plus = Culture pour tous », ils feront accepter aux personnels des bibliothèques cette mesure soi-disant progressiste, mais qui n'est rien d'autre qu'un ajustement vers un moins disant social. Pour résumer, si l'ensemble des citoyens ne verront pas leur temps de travail diminuer, alors augmentons l'amplitude horaire des bibliothèques au détriment de ceux qui y travaillent. La culture pour le plus grand nombre et les exclus vaut bien une extension du temps de travail personnels de bibliothèque au détriment de leur rythme circadien.

Plutôt que d'ajouter ou décaler le temps de travail des personnels des bibliothèques pour permettre au plus grand nombre d'accéder aux bibliothèques, réfléchissons à penser la réduction générale du temps de travail pour que chacun puisse avoir plus de temps libre pour, entre autres, accéder aux bibliothèques sans incidence sur les horaires de ceux qui y travaillent. Voilà un chantier cognitif réellement progressiste. Au lieu d'étendre le temps de travail pour les personnels de bibliothèque via l'extension quasi infinie des horaires d'ouverture, ajoutons du temps libre à l'ensemble des citoyens via une réduction du temps de travail. D'autant plus qu'un rapport parlementaire confirme l'effet bénéfique de la réduction du temps de travail.

Dépassons ce faux débat de l'extension des horaires d'ouverture des bibliothèques pour étendre la culture au plus grand nombre, et conditionnons plus d'accès à la culture, aux loisirs, au temps libre par une véritable réduction du temps de travail, qui permettra à sûrement plus de citoyens d'accéder aux bibliothèques sans que celles-ci aient à imposer à leurs personnels de travailler au-delà des horaires normalement acceptables pour tout un chacun. »

Olivier Tulasne, *in AgoraBib*, 18 décembre 2014.

Exemple de feuille de notes, support pour l'exposé oral du candidat

Introduction : état des lieux et pistes

Question technique, politique et de société.

Triangle : usagers / personnels / service public.

- Ouverture moyenne : 14 h / semaine – 32 h ds ville + 40 000 hab.
- Or mutations sociétales : nouvelles temporalités, moins uniformes.
- Bibliothèque du XXIe siècle : de + en + multiforme, numérique et ouverte ?

I – État des lieux et préconisations

A – État des lieux

- inégalité des territoires : ouverture de 4,9 j/semaine (villes 100 000 hab et +) à 3,2 (villes de – de 5 000 hab) et de 8 h 30/j à 3 h 30/j
- horaires le + svt calqués sur tps de W des usagers - peu d'ouverture après 19 h, le dimanche ou le lundi
- or phénomène historique : baisse du tps de W - hausse du tps libre – horaires de W atypiques

B – Préconisations

Objectif : culture pour tous – conquête de nouveaux publics (étudiants, familles)

- adapter horaires aux nouveaux tps libérés ds semaine (ex. pause méridienne, soirée)
- amplifier l'ouverture sur la semaine (lundi) et ouvrir le dimanche si opportun
- automatisation et externalisation de tâches (prêt, équipement des documents…) pour libérer tps de W face au public

II – Attentes des usagers et droits des salariés

A – Du côté des usagers

- tps libéré en hausse / temps classique de W n'est plus la norme
- usagers en attente de services innovants, conformes aux nouvelles temporalités
- les NTIC accélèrent mouvement sociétal : mode de vie + individualisé, + immédiat

B – Du côté des salariés (agents des bibliothèques)

- crainte d'un tps de W aussi flexible et atypique
- un « moins disant social » que ne compensent pas récupérations et primes
- avancées au détriment des salariés (rejet du W du dimanche)
- crainte de recours à des vacataires sans formation pour assurer l'extension

III – Usagers / salariés / service public : le prix de l'égalité

Quelques pistes de réflexion pour un triangle efficace :

- vérifier sur chaque territoire synchronisation des rythmes de vie (usagers) et horaires d'ouverture (diagnostic temporel)
- améliorer conditions de W et conforter statut salariés (- de tâches répétitives et peu créatives, automatisation) : accueil des usagers et médiation
- revoir architecture des équipements : + économe en fonctionnement / + larges horaires d'ouverture
- engagements financiers importants pour établir l'égalité entre territoires ruraux et urbains (via Dotation d'équipement des territoires ruraux)

Conclusion

- Extension horaires des bibliothèques : question qui divise / question d'évolution sociétale, tension entre attentes des usagers et craintes des professionnels ; tps libre de l'un, tps contraint de l'autre.
- Loi Macron précise que conseils municipaux qui discutent de l'ouverture des commerces le dimanche le fasse aussi pour l'ouverture des bibliothèques = volonté de ne pas laisser le temps libre (libéré) des citoyens aux seules activités marchandes.

La réforme des retraites

• Texte 1

Le système de retraite français est confronté à la fois à un vieillissement de la population du pays, à un ralentissement de la croissance économique et à un taux de chômage élevé. La combinaison de ces phénomènes génère une pression sur les comptes des régimes. Pour pérenniser le système par répartition, les gouvernements successifs et les partenaires sociaux ont conduit plusieurs réformes et pris des mesures réglementaires entre 2010 et 2015.

Ces mesures ont pour effet de réduire la durée de la retraite de deux ans en moyenne et de diminuer la pension cumulée sur le cycle de vie. Cette diminution, de 4,5 % en moyenne pour les assurés de la génération 1980, est plus forte pour les hommes, les personnes ayant les salaires les plus bas et les personnes sorties précocement de l'emploi. Ces mesures ont un impact en matière d'équité intergénérationnelle et sur chacun des paramètres qui déterminent le calcul des pensions.

Drees.solidarites-sante.gouv.fr, (extraits).

• Texte 2

C'est devenu un mouvement quasi pendulaire : tous les quatre ou cinq ans, les gouvernants ou les aspirants à gouverner rouvrent le dossier des retraites pour les « réformer ». Les réformes de 1993, 2003, 2010 et 2012, qui devaient « sauver » les retraites des Français, n'ont pas suffi à calmer les ardeurs « réformatrices ». Malgré l'allongement de la durée de cotisations, le report à 62 ans de l'âge de départ à la retraite sauf pour les carrières longues, la mise au compte des salaires des 25 meilleures années au lieu des 10 pour les salariés du privé, et, au final, malgré la baisse des pensions qui résulte du cumul de tous ces dispositifs, les cris d'alarme reviennent régulièrement. Dans son dernier rapport de juin 2016, le Conseil d'orientation des retraites estime que « l'équilibre financier » du système de retraites sera assuré suite aux réformes libérales accumulées depuis 20 ans, mais dans des conditions très contestables : le taux de remplacement par rapport au salaire moyen passerait de 75 % à 60 % au milieu du siècle. (...)

Malgré la dégradation des conditions de retraite, les candidats à la présidence de la République François Fillon et Emmanuel Macron veulent une nouvelle réforme. Si Fillon propose des mesures classiques de droite, comme le recul de l'âge de la retraite à 65 ans ou la disparition du compte de pénibilité, Macron, qui entend aussi supprimer le compte de pénibilité, propose une réforme qui se veut « moderne » et « universellex » : introduire un système dit par « comptes notionnels ». Que signifie cette notion ignorée de la plupart des citoyens ? Que changerait-elle ? Quels en sont les dangers ?

Blog Mediapart *Les économistes atterrés*, mars 2017 (extraits).

Exemple de feuilles de note, support pour l'exposé oral du candidat

Introduction

En 25 ans, plusieurs réformes ont revisité notre système de retraite par répartition, système mutualiste fondé sur la solidarité entre générations. La crise générée par le capitalisme financier et les politiques néo-libérales qui en découlent ont conduit à des réformes fondées sur les mêmes leviers techniques : allongement de la durée du travail, recul de l'âge de départ en retraite, baisse des cotisations. Malgré des pondérations (réforme Ayrault 2014), un autre modèle de société se fait jour, où la répartition cèderait face à la capitalisation et chacun serait renvoyé à un choix « personnel ».

I. Bref historique (1993-2013)

– 1993 (réforme Balladur) : durée cotisation 37,5 années > 40 ans ; salaire moyen de référence = 25 meilleures années (vs 10) ; système de décote ; indexation des retraites sur prix consommation (*vs* salaires)
– 2003 : réforme Fillon : durée cotisation 40 > 41 ans (horizon 2012) ; système décote/surcote pour tous régimes ; dispositifs d'épargne-retraite ; départ anticipé pour carrières longues
– 2010 : réforme Woerth : âge légal départ en retraite 62 ans (taux plein 67 ans) ; prise en compte usure professionnelle et carrières longues
– 2013 : réforme Ayrault : durée cotisation pour tous 43 en 2020 ; hausse cotisations vieillesse ; fiscalisation de la majoration de pension (3 enfants et +) ; instauration compte-pénibilité

Transition :

– Leviers communs : retarder l'âge de départ ; allonger durée de cotisation ; diminuer les régimes spéciaux
– Bilan des réformes : diminution du montant des pensions ; peu d'effets sur retardement du départ en retraite ; peu d'effet sur l'équilibre financier des caisses de retraite (horizon 2040 ?)

II. Pondérations mais modèles convergents

Nouvelle réforme, piliers idem.
– Quelques pondérations : prise en compte des carrières longues ; attention à la pénibilité de certains métiers ;
– Des idées fixes : faire travailler plus longtemps ; indexer les retraites sur les prix (vs salaires) ; aligner tous les systèmes (public / privé, général / spécial) sur un système unique (universel ?) ;
– Une doxa économique contre-productive : austérité (- 3% déficit public) > Baisse pouvoir d'achat / emploi / financement retraites ; politique de l'emploi peu novatrice (industrie vs transition écologique et / ou nouvelle économie du « care » idem ; revenus financiers pas mis à contribution
– Émergence d'un autre modèle : retraite par capitalisation (produits d'épargne individuelle, d'entreprise...) mais transition répartition > Capitalisation coûteuse au plan financier et politique.

Transition :

– Répartition encore modèle fondateur mais demain ?
– En vue : la réforme Macron en 2018 : un régime de retraite unique (fin des régimes spéciaux) ; un compte-retraite virtuel tout au long de la carrière (retraite par répartition à cotisations définies ou retraite à points) ; taux de conversion calculé selon âge de départ et espérance de vie de la génération
– Une crainte majeure (cf. modèle suédois) : baisse du montant des pensions et départ tardif en retraite (75 ans ?)

Conclusion

Réduire les retraites ou réduire les retraités ? Rares sont les interventions publiques (hormis organisations syndicales de retraités) pour rappeler que la vague de réformes tend à représenter les retraités comme un fardeau, un poids, une source de dépense à réduire. Or, ceux-ci contribuent à la création de richesses «dont la valorisation économique pourrait représenter jusqu'à l'équivalent de 1,2 % du PIB», estime le Conseil d'Orientation des Retraites. La retraite pourrait selon les vœux de certains (cf. Bernard Friot) devenir un « salaire continué ».

AUTRES EXEMPLES DE SUJETS DE CULTURE GÉNÉRALE

– Les tags ont-ils leur place au musée ?
– L'exception culturelle est-elle passée de mode ?
– Les voies d'accès au savoir aujourd'hui.
– L'Europe est-elle un contre-pouvoir ?
– L'Europe est-elle finie ?
– À quoi sert le mouvement social ?
– Pourquoi le CV ne remplace-t-il pas le diplôme ?
– L'évolution du modèle familial et l'homoparentalité.
– « Un ministre sans loi à son nom, c'est comme un animateur-télé sans émission, il n'existe plus. » (citation d'un député)
– Religion et modernité : je t'aime, moi non plus.
– Les biotechnologies représentent-elles une menace pour la nature humaine ?
– « La fête au travail : les relations extra-professionnelles comme nouveau mode de management. » (Article du *Monde*.)
– La loi 2015 sur la fin de vie.
– Des crèches de Noël dans les halls des mairies ?
– Le contrat de travail est-il soluble dans la crise ?
– La réforme des rythmes scolaires.
– Les réseaux sociaux : alternatives aux médias classiques ?
– Le droit de vote aux étrangers.
– Le mariage pour tous : une crispation française ?
– Vertus et vices de l'information en continu.
– TAFTA, vous connaissez ?
– …

N.B. : ces questions peuvent également être posées lors de l'entretien lui-même pour analyser vos connaissances et/ou vos capacités de réflexion, de réaction face à une question éventuellement inattendue.

9. Enrichir votre culture générale

Comment enrichir votre culture générale ?

L'absence de programme défini et l'ampleur des connaissances potentiellement mobilisables peuvent dans un premier temps vous décourager. Néanmoins, si la culture générale existe, elle doit pouvoir s'acquérir avec un minimum de méthode. Loin des discours convenus sur l'impossibilité d'embrasser toute la culture de son époque, vous devez au contraire vous forger des outils et des habitudes de travail pour élargir vos ressources.

1. Balisez le terrain

• Il ne s'agit pas d'ingurgiter – pour les régurgiter le jour de l'épreuve – une quantité encyclopédique de connaissances précises et techniques. Un tel objectif est tout à fait déraisonnable.

En revanche, le jury vous attend sur un discours nourri de faits, de dates, d'événements et, on le néglige trop souvent, de définitions et de théories. Il vous faut tout de même maîtriser un minimum de connaissances, concernant notamment :

– les repères historiques essentiels de l'histoire mondiale et française depuis 1945 (trop souvent défaillants, notent les jurys dans leurs rapports) ;

– les grandes évolutions sociétales depuis la fin de la Seconde Guerre mondiale, notamment celles touchant les principales institutions (famille, entreprise, église, syndicats, partis politiques, monde associatif) ;

– les débats actuels concernant tant la vie publique que la vie privée des personnes, la sphère politique et médiatique : bioéthique, développement durable, individualisme, réseaux et numérique, terrorisme et sécurité...

• Le recours à des ouvrages de fond ou à des encyclopédies facilement disponibles doit vous permettre d'intégrer des repères structurants concernant :

– l'histoire et plus particulièrement l'histoire des idées ;

– la sociologie et l'anthropologie ;

– l'épistémologie des sciences et des techniques.

Ce qui compte, c'est en effet le mouvement. Ce sont les ruptures et les changements de cap qui permettent d'appréhender les sociétés, de saisir le savoir opportun à leur sujet, comme vous le verrez dans les fiches d'exemples (*cf.* p. 150).

- Il s'agit surtout de croiser les approches :

– confronter les événements passés à l'actualité, et ainsi percevoir les mutations qui ont marqué notamment la deuxième moitié du XXe siècle et qui façonnent votre environnement aujourd'hui : au sein des groupes, des familles, des sociétés, des rapports de travail, des modes de vie... ;

– maîtriser quelques fondamentaux, relatifs notamment à la démocratie, à la laïcité, à la République, à la conception de l'État et à la construction européenne.

2. Une gymnastique quotidienne

Si la préparation est une course de fond, elle exige une gymnastique de tous les jours pour réussir le sprint final que constitue l'épreuve orale. Votre préparation passe par :

– la lecture systématique de la presse ou d'une revue de presse (on en trouve dans tout bon centre de documentation d'administration ou d'entreprise, dans les bibliothèques publiques...). *Le Monde*, *Libération*, *La Croix*, *Le Figaro* et parfois la presse quotidienne régionale (PQR) mettent tous les jours l'actualité en perspective avec des questions de fond ;

– la lecture ponctuelle d'un hebdomadaire (*Le Point*, *L'Express, le Nouvel Observateur*) ou d'un supplément à un quotidien (*M, le magazine du Monde*) quand un dossier intéressant y figure (se méfier des titres où l'opinion l'emporte sur la réflexion et de ces dossiers récurrents qu'on retrouve d'un support à l'autre) ;

– une veille radio et télévisuelle intelligente : ne pas négliger notamment les chaînes ou radios culturelles que sont Arte (cf. l'émission *Le dessous des cartes*) et France Culture (mais ne pas y passer tout son temps) ou encore la Chaîne parlementaire (www.lcp.fr) et Public Sénat ;

– l'usage domestique d'Internet qui est, comme le disait Esope à propos de la langue, la pire et la meilleure des choses : pour le meilleur, allez voir sur certains sites d'information alternative (www.rue89.com, www.mediapart.fr), usez des ressources toutes prêtes de la Documentation française ou de www.vie-publique.fr.

Attention

Ne réinventez pas tout ! Soyez astucieux, repérez les outils existants : dossiers thématiques déjà constitués (en médiathèque, bibliothèque d'étude, centre de ressources, service documentaire d'entreprise ou d'administration, sur Internet...). Là aussi, mettez votre entourage, vos amis à contribution, mais ne vous noyez pas dans trop de documentation.

3. Le retour aux fondamentaux

Vous vous sentez loin des concepts, vous avez oublié l'art de disserter, de peser le pour et le contre, de cerner une notion, retournez vers les fondations de la culture générale, feuilletez ou parcourez régulièrement une encyclopédie papier ou numérique. Si vous n'en possédez pas vous-même, elles sont facilement disponibles dans les bibliothèques municipales.

• L'excellente *Encyclopedia Universalis* existe aujourd'hui en version numérique à un prix abordable. Rédigée par des spécialistes pointus de chaque domaine, elle est régulièrement mise à jour et complétée et offre de nombreux dossiers.

• Des outils spécifiques sont à connaître : *Dictionnaire des intellectuels français* (dir. Jacques Julliard et Michel Winock, Seuil), *Dictionnaire historique de la vie politique française au xx*e *siècle* (dir. J.F. Sirinelli, PUF) et enfin le *Dictionnaire historique et géopolitique du xx*e *siècle* (dir. Serge Cordellier, La Découverte). Ces ouvrages sont faciles à trouver ou à faire acquérir par un centre de documentation ou une médiathèque.

• Wikipédia est à prendre avec précautions non tant pour le taux d'erreur que l'on rencontre dans cet outil coopératif que pour la qualité inégale des pages. Ce site a le mérite de renvoyer vers des contenus déjà organisés, mais attention à ne pas vous perdre dans une consultation sans fin.

4. Pour affûter l'esprit

N'oubliez pas certains outils complémentaires, qui peuvent remplacer, grâce à des dossiers bien construits, la lecture de plusieurs ouvrages :
– la revue *Sciences humaines* qui actualise régulièrement les connaissances et la réflexion sur des sujets typiquement de culture générale, et publie aussi des numéros hors série très nourris ;
– plusieurs revues ou périodiques à aller visiter ponctuellement en fonction des thèmes : *Mouvement* (www.mouvement.fr) ; *Le Débat* (éditions Gallimard) ; *Le Monde Dossiers et documents* : le site nonfiction.fr (portail des livres et des idées) ;
– des ouvrages « tour d'horizon » : *L'État du monde 2018* (La Découverte), *Comprendre le monde*, Pascal Boniface (éditions Armand Colin, 2015) ;
– enfin, la revue trimestrielle *XXI* ainsi que le journal hebdomadaire *Le 1* (un sujet d'actualité vu par plusieurs regards).

LES PIÈGES À ÉVITER

- Lire et vous documenter passivement : tout savoir doit s'activer en notes et en fiches de révision.
- Vous perdre dans le labyrinthe d'Internet et de la presse : une fois la bonne ressource identifiée, vous y tenir.
- Rester un jour sans rien lire.

ET SI VOUS ÉCRIVIEZ VOS FICHES ?

Vous trouverez dans les pages suivantes quelques exemples de fiches à suivre ou à adapter, toutes construites sur le même modèle : un résumé, des questions de concours, des repères chronologiques, une définition.

Y a-t-il abus de patrimoine ?

Contexte

Depuis près d'une trentaine d'années, le goût du patrimoine et les nombreux regards tournés vers le passé se traduisent par divers événements en de nombreuses circonstances. Multiplication des lieux de mémoire, engouement associatif pour la sauvegarde des vestiges de proximité et pour les fêtes historiques, éducation des plus jeunes (classes patrimoine), explosion d'un tourisme patrimonial et sanctuarisation de nombreux sites : autant de signes d'un investissement majeur sur les traces que le passé a heureusement sauvegardées dans le présent. Juste valorisation ou surinvestissement inquiétant ? Au « trop de mémoire » dénoncé par le philosophe Paul Ricœur correspond-il un abus de patrimoine ?

Débats

L'explosion des « mémoires » est-elle une bonne chose ?

• Trop longtemps, l'Histoire officielle a organisé le matériau digne d'être retenu pour les siècles à venir, en valorisant souvent les sites et lieux légitimes (notamment symboles du pouvoir : châteaux, palais, églises...) et en ignorant les mémoires des humbles (ouvriers, paysans, immigrés, soldats...). L'émergence récente de ces nouvelles mémoires et l'attention portée aux lieux où elles se sont incarnées ne peut que réjouir l'historien et le citoyen.

• On assiste à une véritable explosion mémorielle qui touche à toutes sortes de groupes (ethniques, régionaux, professionnels, sociaux...) et peut aboutir à une balkanisation de l'histoire peu innocente : l'intérêt exclusif pour telle parcelle du passé (physique ou non) peut procéder d'une décontextualisation, d'une ignorance, voire d'un déni des autres groupes et d'un repli sur soi.

Faut-il freiner l'extension à l'infini de la notion de patrimoine ?

• L'enrichissement du patrimoine se déroule depuis plusieurs années par extension vers l'industriel, l'urbain et le rural (enrichissement sociologique) mais aussi le naturel et le paysager (enrichissement écologique) ou encore l'oralité et l'immatériel (enrichissement anthropologique) : la logique consiste à juste titre à sortir de l'oubli ou de l'ignorance des pans entiers de l'activité humaine (savoir-faire, rituels...).

• On court le risque de banaliser ce qui est réellement structurant (historiquement, artistiquement, politiquement) à trop vouloir valoriser des éléments voués à évolution, voire à disparition (recettes de cuisine, chansons populaires).

L'action patrimoniale de l'Unesco est-elle utile ?

• Depuis l'opération spectaculaire de sauvetage du temple d'Abou Simbel (Égypte, 1959), l'Unesco, organisme issu de l'Onu, s'est lancé dans une entreprise de classement des sites remarquables. Une liste, initiée par la Convention de l'Unesco en 1972, s'enrichit d'année en année. En 2016 elle compte 1 052 lieux culturels et naturels répartis dans 163 pays. Cette action oppose un regard planétaire à des pratiques destructives conduites un peu partout dans le monde (Syrie, Congo, Afghanistan, Irak, Serbie, etc.).

• On a toutefois reproché à l'Unesco son approche désordonnée et intuitive, sans raies priorités ni critères scientifiques de choix. Le déséquilibre entre les pays et les continents (l'Afrique et l'Amérique du Sud étant ainsi peu représentées) est aussi pointé par les spécialistes.

Patrimoine ou création ?

• Le patrimoine intéresse la sphère publique et le développement local : outre ses instrumentalisations politiques et symboliques, le patrimoine devient la matière première d'une industrie culturelle même si celle-ci tend à uniformiser les goûts et les comportements (avec par exemple la mode médiéviste).

• Le patrimoine ne doit pas exclure une véritable création (architecturale, artistique) dans les lieux mêmes du culte patrimonial, source de réappropriation par les habitants et visiteurs : loin de la rupture entre histoire et modernité, continuer à créer, à construire, à innover, et non pas à figer dans une forme indépassable (par exemple la transformation de lieux de culte en centres d'art).

Dates

■ **1792 :** En décidant la conservation des « chefs d'œuvre des arts », la Révolution française invente la Bibliothèque nationale (1794).
■ **1984 :** Création des journées du patrimoine en France, devenues Journées européennes du patrimoine en 1991.
■ **2003 :** Début du transfert de 300 des 442 monuments historiques appartenant à l'État vers les collectivités territoriales.
■ **2016 :** l'œuvre de Le Corbusier.

PATRIMONIALISATION
Action visant à intégrer des éléments de l'histoire locale dans un processus de protection et de mise en valeur.

Citation
« Les hommes oublient plus facilement la mort de leur père que la perte de leur patrimoine. »
Nicolas Machiavel, *Le Prince* (XVIe siècle).

L'évolution du modèle familial

Contexte

Depuis quarante ans, le modèle inégalitaire, hiérarchique et autoritaire de la famille patriarcale se fissure peu à peu. À l'émancipation féminine s'ajoutent le déclin de l'institution du mariage et l'émergence de nouvelles formes familiales (monoparentales, recomposées, homoparentales...). Plutôt que de déclin de la famille, on pourrait parler de l'émergence d'une « nouvelle famille » fondée sur la fusion de deux individus, centrée sur le couple et les enfants, sur les valeurs de la réalisation de soi et de l'avenir, non plus sur la lignée et la transmission. Le droit a accompagné ces évolutions des rapports au sein du couple et du sens des engagements : autorité parentale partagée, divorce dédramatisé et facilité, loi sur le nom de famille, mariage pour tous...

Débats

Que penser du mariage pour tous ?

- L'idée grandissante d'une égale dignité des unions hétérosexuelles et homosexuelles a entraîné dans plusieurs pays la légalisation du mariage aux couples homosxuels. Après la Hollande, la Belgique et l'Espagne, la France a franchi le pas, avec l'adoption en avril 2013 de la loi instaurant le mariage pour les personnes de même sexe.
- Si le mariage n'est considéré que comme l'union de deux êtres, en France l'existence du PACS rendrait sans objet la nécessité d'étendre ce rituel légal aux couples homosexuels. Ce qui n'est pas le cas, si l'on considère que le mariage a pour objectif de fonder une famille et de sacraliser la filiation.

Que penser de l'homoparentalité ?

- Des études chez les enfants de couples homosexuels notent un développement comportemental et psychologique identique à celui des enfants de couples hétérosexuels : avoir deux parents de même sexe ne contrarie pas l'épanouissement de l'enfant ; en revanche, certains plaident pour l'importance de l'amour dans une famille où l'enfant aura été fortement désiré envers et contre tout. La société invente une nouvelle forme de parenté qui n'est pas une aberration mais une évolution anthropologique.
- Le risque principal pour l'enfant réside dans le regard des autres (Jean-Claude Kaufman, sociologue) et la société n'est pas prête à accepter ce bouleversement des repères habituels : la coexistence de parents biologiques et de parents sociaux pose ainsi de redoutables questions. Sur le fond, la parenté et la filiation sont des faits

biologiques, et la différence de sexe reste symboliquement nécessaire, car fondatrice de toutes les autres différences.

La famille et les institutions ?

• Depuis plusieurs décennies, on assiste à une prise en charge de plus en plus forte des institutions (associations, collectivités locales...) pour le quotidien de l'enfant (crèche, garderie, péri-scolaire, loisirs, vacances...), mais aussi de la personne âgée (maison de retraite, centre de jour, maintien à domicile...), et donc à un déplacement des responsabilités de la famille vers des acteurs de plus en plus sollicités. Plus profondément, c'est l'atomisation de la vie sociale par les conditions de vie et de travail qui défait la famille de son lien unifiant, qu'elle délègue à la « société ».

• Il faut se féliciter que la Sécurité sociale, et plus largement la protection sociale, ait libéré les individus de certaines dépendances : seule la présence d'institutions permet en effet l'émancipation et la différenciation. Sans elles, pas de travail féminin, pas d'égalité homme-femme au quotidien. Il n'y a pas effacement de la famille, mais prise de distance, déplacement vers des situations de réel partage où les membres de cette même famille peuvent « vivre libres ensemble » (François de Singly).

Dates

- **1970 :** Disparition du « père de famille » et apparition de l'autorité parentale partagée.
- **1999 :** Création du PACS (pacte civil de solidarité) qui permet l'union de deux personnes sans considération de sexe. En revanche, le mariage homosexuel est toujours illégal en France.
- **2005 :** Entrée en vigueur de la loi sur le « nom de famille » : la transmission du seul nom du père devient une option parmi trois possibles.
- **2013 :** Ouverture du mariage aux couples de personnes de même sexe.

NUCLÉAIRE (FAMILLE)
Est nucléaire la famille au sens moderne, devenue un « noyau » (*nucleus*) limité au couple et à ses enfants. Dans les sociétés anciennes, la famille était plus vaste, élargie à des cercles plus nombreux, incluant ascendants et descendants, parents éloignés, « clients », serviteurs, l'ensemble étant regroupé autour de l'autorité d'un père patriarche (*pater familias*).

Citation
« Le travail salarié des femmes est aussi un des supports de cette indépendance (toujours relative) qui permet de vivre libres ensemble. »

François de Singly, *Les Uns avec les autres* (Seuil, 2003).

Internet, rénovateur de l'espace public ?

Contexte

Internet organise de plus en plus les communications professionnelles, personnelles, politiques et médiatiques. Pour autant, l'usage régulier de cet outil dans la sphère privée reste sujet à des inégalités générationnelles, géographiques, sociales et culturelles. La démocratisation des nouvelles technologies est un enjeu citoyen majeur, afin de réduire la « fracture numérique ». Paradoxalement, alors que perdure cette fracture, Internet représente un grand espoir pour le débat citoyen et la démocratie.

Débats

Quel est le rôle des collectivités ?

- Après l'époque des pionnières (Metz, Parthenay, Brest, Issy-les-Moulineaux, Castres...), de nombreuses collectivités locales se sont lancées dans la promotion d'Internet comme outil de démocratisation. Ce mouvement est appuyé par un réseau et un label « ville Internet ». Celui-ci récompense les villes qui mettent en œuvre des politiques significatives de démocratisation des usages des TIC : accessibilité, services aux habitants, mise en réseau, débat, expression citoyenne...
- 945 collectivités labellisées en 15 ans, c'est encore trop peu, et l'usage d'Internet reste lié à des niveaux de revenu, de diplôme, d'âge et d'intégration socio-économique, sans oublier la fracture entre territoires. Politiques publiques et éducatives ne suffisent pas à réduire une persistante fracture numérique : 1/3 de la population n'est jamais confrontée à l'informatique (plus de 60 ans, personnes peu diplômées, personnes vivant dans un foyer percevant moins de 1 500 euros pas mois).

Internet est-il un espace d'avenir pour le débat public ?

- Internet permet des formes de participation associatives, citoyennes et politiques. Des courants qui trouvent peu d'espace dans les médias traditionnels s'y expriment largement, à peu de frais et très rapidement, et vivifient le débat public. Internet sert de vecteur à des mobilisations rapides et massives, à des mouvements d'opinion hors des cadres ordinaires, à des veilles démocratiques (La Quadrature du net, Wikileaks, Réseau Éducateurs Sans Frontières, Sauvons la recherche, Économistes atterrés, pétitions en ligne Avaaz-org, lanceurs d'alerte...).
- L'avenir de l'Internet citoyen reste lié à la démocratisation des nouvelles technologies. Pour l'instant, cette autre voie ne bénéficie pas au plus grand nombre, et l'outil à lui seul ne crée pas l'usage qui reste encore élitiste. On assiste plutôt à l'émergence de cybercitoyens

actifs qu'à une démocratisation large du débat public via Internet. Par ailleurs, Internet favorise aussi la diffusion d'idées contraires à la démocratie (négationnistes, racistes, complotiste...) et l'immédiateté ne favorise pas forcément le recul nécessaire au débat.

Les nouvelles technologies annoncent-elles la mort du livre ?

- Le livre, médium incontournable de la pensée et de la communication, est aujourd'hui concurrencé par de nouveaux supports : e-books, textes électroniques, bibliothèques numériques et encyclopédies en ligne. On peut donc s'interroger sur l'avenir de la collection papier dans les bibliothèques publiques. Les prouesses technologiques du livre numérique (immédiateté, mobilité, modularité, stockage) en font une concurrence sévère du livre papier, encombrant, fragile et rapidement obsolète. Alors que le livre propose au mieux du texte et des images, sans interaction, le numérique développe l'hypermédia, c'est-à-dire la possibilité de lire des documents numériques contenant à la fois du texte, des images ou du son, à parcourir de manière discontinue, en utilisant les liens entre les différents documents.
- En tant qu'objet marchand, le livre est en crise. En tant qu'objet culturel, il n'a plus le même pouvoir symbolique et doit aujourd'hui redéfinir sa place dans l'espace public. Le passage au tout numérique n'est toutefois pas pour demain, tant le « coût cognitif » et l'acculturation qu'il réclame ménagent l'avenir du papier. La technologie n'est pas toujours rupture, elle est cumul : une innovation vient se superposer à celle qui la précède, la télévision n'a pas supprimé le cinéma, ni plus tard le magnétoscope ; certains prévoient en revanche une spécialisation esthétique du livre papier.

Faits et dates

- **1999** : la mobilisation internationale pour la manifestation alter-mondialiste à Seattle se fait grâce au net.
- **2000** : la British Library met en ligne la version numérique Bible de Gutenberg.
- **2011** : usage intense de Facebook au cours de la révolution tunisienne.
- **2016** : promulgation de la loi pour une République numérique.

TOILE

Le web (*world wide web*) est une « toile » dont le tissage est constitué par les liens entre les pages issues de sites consultables par l'intermédiaire d'un navigateur.

Citation

« Le peuple n'a jamais eu autant de pouvoir que sur Internet. »

Valentin Lacambre (créateur d'Altern.org, hébergeur alternatif, aujourd'hui disparu).

Vers un monde sans risques ?

Contexte

Depuis une vingtaine d'années, les risques occupent une place importante dans l'actualité : risques sanitaires, environnementaux, sociaux, technologiques... Ils deviennent omniprésents dans les politiques publiques. La surmédiatisation des catastrophes naturelles et des affaires sanitaires, ainsi que l'apparition de risques nouveaux, expliquent pour partie une hypersensibilité au risque. Cette sensibilité grandissante s'est accompagnée de l'émergence du principe de précaution, désormais inscrit dans le droit international, communautaire et français.

Débats

Vivons-nous dans une société du risque ?

- La vie dans les sociétés occidentales n'a jamais été aussi sûre, ainsi qu'en témoignent les progrès de la médecine, l'allongement de l'espérance de vie, les conditions matérielles d'existence. En comparaison avec d'autres périodes et régions du monde, nous sommes peu soumis à des aléas de nature mettant en péril notre existence.
- L'omniprésence du risque dans les discours, les représentations et les actions publiques, peut s'expliquer pour partie par l'individualisme moderne, à la recherche d'une maîtrise absolue des événements et d'une société du risque zéro. Pour une autre part, elle relève d'une instrumentalisation par les médias (la peur fait vendre), par certains politiques (la peur rend docile, elle détourne l'attention des autres problèmes).
- La complexification technologique et la progression même des connaissances génèrent une ignorance des effets et créent de nouvelles incertitudes, donc de nouveaux risques ; il est donc difficile de dire que la sensibilité aux risques serait purement une « vue de l'esprit », une affaire de perception.

Précaution : abstention ou action ?

- Le principe de précaution n'indique pas quelles mesures prendre et n'en impose aucune, son application passive peut donc conduire à une forme d'inertie et à une règle d'abstention face aux risques. Il s'agit d'autant plus d'abstention quand le principe de précaution est détourné de son objectif de sécurité pour servir des projets partisans ou justifier un refus de prise de responsabilité politique.
- Le principe de précaution est un appel à la réflexion et à l'innovation, il est de nature à nourrir l'action publique par la recherche de nouvelles solutions et procédures technologiques ; il permet un bond en avant des connaissances et contribue à faire reculer l'incertitude.

Le risque zéro est-il possible ?

• Le haut degré technologique de nos sociétés doit permettre à la science de s'approcher, sinon d'atteindre, un état où l'incertitude serait exclue de nos univers, et les risques probables parfaitement calculés, grâce à une connaissance aiguë des mécanismes de déclenchement et de propagation.

• L'objectif du risque zéro est un leurre, et ne saurait devenir une norme sociale par ailleurs coûteuse et paralysante. La précaution ne vise pas cet objectif, elle consiste à écarter les risques les plus graves qu'elle se propose de réduire.

Les conduites à risque sont-elles un « signe des temps » ?

• Les conduites à risque, notamment chez les jeunes, ont toujours existé, souvent liées à des moments initiatiques de l'existence. Elles relèvent souvent d'une perception récurrente des adultes, tentés de voir dans la jeunesse une « population à risque » (blousons noirs, zazous, jeunes de banlieue...).

• L'individualisme moderne et la perte du sens dans les sociétés modernes expliquent pour partie les conduites à risque contemporaines (surconsommation de drogue ou d'alcool, sports extrêmes, transgressions...), celles-ci replaçant le risque au cœur de l'existence comme ce qui donne du prix à celle-ci.

Dates

■ **1992 :** La Déclaration du sommet de la Terre de Rio en 1992 précise que le principe de précaution peut s'imposer comme norme lorsque le dommage potentiel est grave ou irréversible.

■ **2005 :** la Charte de l'environnement est inscrite dans le Préambule de la Constitution introduisant le principe de précaution dans le texte constitutionnel.

■ **2009-2010 :** La crise de pandémie grippale A (H1N1) donne lieu à une gestion publique critiquée pour son coût et ses méthodes.

■ **2011 :** La catastrophe de Fukushima, 25 ans après Tchernobyl, vient confirmer la non-maîtrise du risque nucléaire et de ses effets.

■ **2017 :** le glyphosate et les perburbateurs endocriniens sont au cœur d'un nouveau débat sur le principe de précaution.

PRINCIPE DE PRÉCAUTION
Selon ce principe, « l'absence de certitudes, compte tenu des connaissances scientifiques et techniques du moment, ne doit pas retarder l'adoption de mesures effectives et proportionnées visant à prévenir un risque de dommages graves et irréversibles » (ministère de l'Écologie, du Développement et de l'Aménagement durables).

Citation
« Le monde est au risque. Le monde sera demain à qui risquera le plus, prendra plus fermement son risque. »

Georges Bernanos (écrivain français).

10. Connaître l'environnement professionnel

L'organisation de l'administration

L'administration est représentée par l'ensemble des structures assurant les tâches d'organisation et de fonctionnement des services publics. Elle constitue un ensemble d'organes, d'autorités, de services et d'agents chargés, sous la direction et le contrôle des pouvoirs publics, nationaux ou locaux, de gérer au quotidien les affaires d'une collectivité, d'un établissement, et les relations avec les administrés et les usagers. Ces autorités et services agissent au nom d'institutions pourvues de la personnalité morale. Ces institutions sont dotées d'une capacité d'agir indépendante de celle des personnes physiques qui composent le groupe ainsi constitué. Au nombre de trois (État, collectivités territoriales, établissements publics), elles constituent la catégorie des personnes morales de droit public (ou personnes publiques).
Au sein de l'administration, il est traditionnel de distinguer l'administration d'État de l'administration décentralisée.

1 L'administration d'État

L'administration d'État se compose d'une administration centrale (ou centralisée) disposant de compétences à l'échelon national et d'une administration territoriale déconcentrée dont la compétence est limitée à un territoire spécifique d'intervention.

A. L'administration centrale

1. Le partage des attributions président de la République/Premier ministre

Ces deux autorités sont chargées de compétences de même nature : pouvoir de représentation juridique, de nomination des fonctionnaires civils et militaires et exercice du pouvoir réglementaire (pouvoir de prendre des décisions de caractère général et impersonnel notamment sous forme de décrets).

Mais la répartition des compétences joue en faveur du Premier ministre. En droit, c'est lui qui dirige le gouvernement, qui dispose de l'administration et est considéré comme l'autorité administrative de principe, en charge de l'exécution des lois (décrets d'application). Le président de la République est une autorité essentiellement politique, qui n'intervient qu'exceptionnellement dans le cadre administratif : signature des ordonnances et décrets délibérés en Conseil des ministres, nomination des seuls hauts responsables civils et militaires (ambassadeurs, préfets...).

2. Les ministres

En tant qu'autorité administrative, les ministres sont responsables hiérarchiques d'un département ministériel (Justice, Intérieur, Économie et Finances...), en charge de la définition des orientations et des actions dans le cadre fixé par le gouvernement, de l'affectation des moyens financiers et de l'organisation des services. Ils jouent un rôle majeur de direction, de conception des actions et d'élaboration des textes normatifs (projets de lois et décrets), de pilotage et de suivi des résultats.

L'administration des ministères repose sur une logique pyramidale avec deux échelons aux deux extrémités : les directions (structure de « commandement ») et les bureaux (cellule de base assurant la gestion). Un cabinet, structure restreinte placée auprès du ministre, assure le suivi politique des dossiers.

3. Des institutions « complémentaires »

Ces institutions sont placées au sein de l'administration centrale mais bénéficient d'une indépendance reconnue pour l'exercice de leurs missions.

Le Conseil d'État intervient à titre consultatif de manière obligatoire (pour les projets de lois, les ordonnances, les décrets dits en Conseil d'État) ou à la demande du gouvernement pour apprécier la régularité juridique d'un texte voire son opportunité.

Les autorités administratives indépendantes (Défenseur des droits, CNIL...) ont pour fonctions d'émettre des avis, de formuler des propositions ou recommandations, de contribuer à la conciliation et à la médiation entre des parties en conflit, voire de prononcer des injonctions ou des sanctions, d'édicter des décisions.

B. L'administration déconcentrée

1. La notion

Cette expression désigne la composante territoriale de l'administration d'État. Les autorités et agents, dont la compétence est limitée à un territoire spécifique d'intervention qualifié de circonscription administrative, sont nommés et subordonnés à l'administration centrale. Le symbole en est le préfet, qui représente l'État à l'échelon régional et départemental et qui constitue le relais du pouvoir hiérarchique du Premier ministre et des ministres.

Chaque ministère dispose de services locaux, généralement au niveau régional et départemental, chargés de mettre en œuvre les politiques décidées et impulsées par l'échelon central. Ainsi au ministère de l'Éducation, la représentation est assurée par le recteur sur un territoire appelé académie (niveau régional ou interdépartemental) et par l'inspecteur d'académie au niveau départemental.

2. Une réforme pour moderniser l'État

Les réformes engagées tendent à affirmer fortement le principe de la déconcentration pour une gestion au plus près des citoyens. La politique de révision générale des politiques publiques (RGPP), initiée en 2007 poursuivi depuis 2012 dans le cadre de la modernisation de l'action publique (MAP), a procédé à un regroupement des services pour assurer l'efficacité et la cohérence de l'action publique.

Le niveau régional est le niveau de droit commun pour concevoir et piloter les politiques publiques. L'organisation comporte huit directions, dont les périmètres de compétence correspondent globalement aux missions des ministères dans l'organisation gouvernementale. En outre, pour le pilotage des politiques publiques, le préfet de région a autorité sur les préfets de département et dispose d'un pouvoir d'évocation des dossiers.

L'échelon départemental est organisé en fonction des besoins des citoyens sur le territoire et non, comme dans les régions, selon les lignes de découpage des périmètres ministériels. Cette organisation est articulée autour de la préfecture et de deux ou trois directions, pour tenir compte des spécificités de chaque département. Le schéma de base repose sur deux structures : la direction départementale des territoires et la direction départementale de la protection des populations, laquelle assume également les fonctions relevant de la cohésion sociale. Lorsque les caractéristiques du département le justifient, une troisième direction départementale chargée de la cohésion sociale est constituée. Le schéma est complété de l'inspection d'académie, de la direction départementale des finances publiques ainsi que du pôle sécurité intérieure.

2 L'administration décentralisée

La décentralisation se traduit par la reconnaissance de l'autonomie juridique des institutions administratives locales et par la création de personnes publiques, distinctes de l'État : les collectivités territoriales ou les établissements publics. Ces institutions disposent d'une autonomie de gestion, de moyens qui leur sont propres (personnels, services, biens et finances) permettant d'exercer librement des compétences transférées par l'État mais sous son contrôle.

A. Les deux formes de décentralisation

Au sein de la décentralisation s'opère une distinction entre :
– **la décentralisation fonctionnelle** qui se traduit par l'institution d'établissements

publics, nationaux (hôpitaux, universités, Office national des forêts, Pôle emploi...) ou locaux (syndicats de communes, communautés de communes, CCAS, CDG...) : ces institutions disposent d'une compétence spécialisée et leurs autorités sont nommées ou élues (en principe au suffrage universel indirect) ;
– **la décentralisation territoriale**, qui conduit à la création de collectivités territoriales (communes, départements et régions) : ces institutions locales disposent d'une compétence générale ou spécialisée sur leur territoire et sont administrées par des organes élus au suffrage universel direct (conseil municipal, départemental et régional).

B. La décentralisation territoriale

L'administration territoriale française se caractérise par la multiplicité de ses niveaux d'administration (région/département/commune auxquels il faut ajouter les établissements publics locaux) et des collectivités la composant. Ces données pour la métropole doivent être complétées par la mention de l'existence de statuts particuliers pour la Corse et les collectivités d'outre-mer. Cependant, au-delà de cette diversité, il est possible de dégager des éléments d'unité dans l'analyse des caractéristiques de l'organisation institutionnelle locale. Il s'agit d'une organisation uniforme et complexe dont le fonctionnement a été profondément bouleversé par la décentralisation conduite depuis 1982, une politique relancée dans le cadre de la réforme opérée par la loi NOTRe (nouvelle organisation territoriale de la République) du 7 août 2015 et toujours en chantier.

1. Le statut des collectivités

Les collectivités dites de droit commun (commune, département et région) sont dotées d'un statut uniforme : uniformité du mode de gouvernement local pour les trois collectivités avec deux organes, le délibérant (conseil) et l'exécutif (maire ou président) et uniformité du statut pour les collectivités d'un même échelon territorial.
Des exceptions à l'uniformité sont cependant prévues pour prendre en compte le particularisme de certaines situations, notamment démographiques (statut particulier pour Paris, Lyon et Marseille), géographiques, culturelles et historiques (statuts particuliers pour la Corse et l'Outre-mer).

Les autorités élues (directement par les électeurs pour les conseils, par le conseil pour le maire ou le président) sont dotées d'attributions conséquentes. Le conseil règle par ses délibérations les affaires de la collectivité, prend les décisions essentielles par délibérations (budget, emplois, création des services publics et choix du mode de gestion). L'exécutif dispose cependant de pouvoirs réels. Outre la préparation et l'exécution des délibérations, il dispose d'un pouvoir propre en tant que chef de l'administration locale (direction des services, gestion des personnels).

2. Des bouleversements depuis 1982

Depuis cette date, la France a connu un vaste mouvement de décentralisation qui ne s'est pas interrompu depuis.

Il s'est en particulier caractérisé par d'**importants transferts de compétences et de moyens financiers et humains** en faveur :
– des communes, compétentes pour la gestion des équipements de proximité et qui se sont vues notamment transférer l'urbanisme ;
– des départements, principaux bénéficiaires en charge notamment de l'action sociale, des collèges, des transports scolaires, des routes ;
– des régions, gestionnaires de l'économique (aide aux entreprises), de l'aménagement du territoire (planification), de l'enseignement (lycées, formation professionnelle).

Parallèlement, l'État a incité au développement d'une forte intercommunalité : prenant progressivement le relais des syndicats, de nouvelles formes de coopération intercommunale sont apparues ou ont été renforcées (communautés de communes, d'agglomérations, communautés urbaines, métropoles) avec la priorité donnée à une intercommunalité de projet fondée sur des compétences obligatoires importantes et une fiscalité propre (notamment la contribution économique territoriale substituée en 2011 à la taxe professionnelle).

Trois dossiers sont en permanence en chantier :
– **la réforme de la carte institutionnelle :** plus de 30 types différents d'institutions et de périmètres territoriaux coexistent entre le niveau national et local, induisant incohérences des territoires, enchevêtrement des compétences et insuffisance des moyens. Les réformes les plus récentes abouties ou envisagées visent à réduire le nombre de collectivités (fusion des régions dont le nombre passe en métropole de 22 à 13 en incluant la Corse, qui devient au 1er janvier 2018 une collectivité territoriale à statut particulier en lieu et place de la collectivité territoriale de Corse et des départements de Corse du Sud et de Haute-Corse), création des communes nouvelles résultant de fusions de communes, projet de suppression du département ;
– **la clarification des compétences :** s'impose une nécessaire remise à plat de la répartition par la redéfinition de blocs cohérents entre les collectivités et la limitation

du nombre d'intervenants. La loi NOTRe supprime la clause de compétence générale des départements et régions ;
– **la réforme des finances locales :** le constat est unanime sur la complexité et l'archaïsme des dispositifs de fiscalité locale (des bases d'imposition non révisées depuis 1970 !), des ressources locales trop fortement dépendantes des transferts de l'État, des transferts de charges réalisés dans des domaines représentant des charges parfois colossales conduisant à un creusement excessif des disparités entre collectivités.

L'administration territoriale décentralisée : chiffres 2017

- Communes : 35 416 dont 87 % de moins de 2 000 habitants ; 58 % de moins de 500 habitants.
- Départements : 101 dont 3 DOM (Guadeloupe, Mayotte, Réunion).
- Régions : 14 dont 2 ROM (Guadeloupe et Réunion).
- Collectivités d'outre-mer : 6 → Polynésie française, Saint Pierre et Miquelon, Terres australes et antarctiques françaises, Wallis et Futuna, Saint-Martin et Saint-Barthélemy.
- Collectivités à statut particulier : Corse, Métropole de Lyon depuis le 1er janvier 2015 (fusion de la communauté urbaine de Lyon et d'une partie du département du Rhône), Martinique, Guyane, Nouvelle-Calédonie.
- EPCI (établissements publics de coopération intercommunale) : 99,9 % de communes regroupant 99,7 % de la population.

– syndicats (SIVU, SIVOM et syndicats mixtes) : 11 260 ;
– communautés de communes : 1 018 ;
– communautés d'agglomérations : 219 ;
– communautés urbaines : 15 ;
– métropoles : 14.

- Pôles métropolitains : 17.

À CONSULTER

www.modernisation.gouv.fr
www.collectivites-locales.gouv.fr
www.interieur.gouv.fr
www.vie-publique.gouv.fr

Le service public

La notion de service public est au cœur de l'action publique. Elle représente la raison d'être, la finalité de l'action des administrations.

Il s'agit d'une notion-clé pour laquelle il n'existe cependant pas de définition écrite. C'est le juge qui en a défini les contours. Le même terme peut servir à désigner l'organisation ou l'activité qui poursuivent un même objectif : la satisfaction de l'intérêt général. Pour ce faire, le service public doit respecter certains grands principes.

1 La définition du service public

A. La dualité de la notion

1. L'organisation

Le service public est considéré comme un ensemble d'agents, de locaux, de moyens matériels ou financiers destinés à faire fonctionner les collectivités publiques (État, collectivités territoriales et établissements publics).

2. L'activité

Le service public est une activité d'intérêt général, rattachée à une personne publique et soumise à un régime juridique particulier.

Cette activité se traduit aussi bien par :
– la production de normes juridiques, l'édiction de réglementations (décret définissant les règles de constructibilité, arrêté fixant le tarif des frais de reproduction des documents administratifs...) ;
– la fourniture de prestations (gestion du casier judiciaire, recouvrement de l'impôt, cantine scolaire, transport urbain...).

Ces services ne sont pas forcément assurés par des personnes publiques et peuvent être gérés par des personnes privées (EDF, sociétés d'autoroutes, société gérant une clinique...). Dans ce cas, ces personnes privées se trouvent, selon des modalités qui peuvent varier, sous le contrôle des administrations.

B. Trois critères d'identification

1. Une finalité : l'intérêt général

Sur un territoire, vit une population composée d'individus ayant des besoins particuliers certes, mais aussi largement communs : le logement, l'éducation, l'emploi, les transports... Cette demande collective peut être satisfaite par l'initiative privée ou la sphère marchande. Néanmoins, celles-ci obéissent à une logique économique (recherche du profit, de la rentabilité) et recherchent la satisfaction de leur seul intérêt particulier.

Le service public entend soustraire des activités au secteur privé. Le choix de ces missions résulte de logiques multiples. Il peut s'agir :
– de missions « par nature » publiques qui ne peuvent qu'être assurées par une collectivité publique, car elles résultent de sa raison d'être. Sont ainsi concernés le maintien de l'ordre collectif, social (production de normes juridiques, sécurité, état civil), la fiscalité, la santé... ;
– de missions publiques résultant de l'absence d'intérêt du secteur privé, de la faiblesse quantitative et/ou qualitative de l'offre privée : communications (transports, haut débit...) ;
– de missions publiques résultant du coût, du prix exorbitant conduisant à l'exclusion territoriale, individuelle, imposant ainsi la nécessité d'une offre de services pour tous : social (logement, accueil petite enfance...).

Ces logiques multiples se combinent, mais la production du lien social et la promotion de la cohésion sociale et territoriale représentent une finalité aujourd'hui prédominante.

REMARQUE
Le champ du service public et celui de la fonction publique ne se recouvrent pas exactement. Des personnes peuvent être au service du public sans pour autant être fonctionnaires. Ainsi les agents des caisses de Sécurité sociale sont des agents de droit privé au sein d'organismes de droit privé. Pour autant, ils participent directement à l'exercice de missions de service public.

2. La présence d'une personne publique

Toute activité d'intérêt général ne constitue pas nécessairement un service public. Ainsi, les associations caritatives ou de défense de l'environnement (Restaurants du cœur, Handicap international, WWF...) ne constituent pas des services publics alors que leur action relève bien de l'intérêt général.
Le droit administratif exige la présence d'une personne publique (État ou collectivités décentralisées). Pour passer au stade de service public, l'activité doit soit être prise en charge directement par la collectivité (en gestion directe ou en gestion déléguée par

contrat) soit être assumée sous son contrôle. Ce contrôle est matérialisé par le rôle prédominant des pouvoirs publics dans la direction de l'institution, un large pouvoir reconnu pour fixer les buts, le champ de l'intervention, les moyens et conditions de son fonctionnement.

3. Un régime juridique particulier

Le service public est soumis à un régime juridique spécifique, conséquence de la conjonction de l'intervention de la puissance publique et de la finalité d'intérêt général assignée à l'activité. Ainsi, tout service public géré par une personne publique ou une personne privée doit respecter des principes fondateurs (voir paragraphe 2) destinés à garantir les valeurs justifiant son existence. Le droit reconnaît également au gestionnaire la capacité d'utiliser des procédés dits exorbitants du droit commun. Cette expression désigne des pouvoirs attribués à l'administration ou à son délégataire pour assurer le bon fonctionnement du service et la supériorité de l'intérêt général sur les intérêts particuliers : ainsi les pouvoirs de taxation ou d'expropriation révèlent la puissance publique ou son représentant.

2 Les principes du service public

Les principes, communs à l'ensemble des services publics, sont traditionnellement au nombre de trois (continuité, mutabilité et égalité). Qualifiés de « Lois de Rolland », du nom du juriste qui les a systématisé, ces principes ne sont pas inscrits dans une loi. Ils résultent de la jurisprudence et sont considérés comme des principes à valeur constitutionnelle. Ils doivent être aujourd'hui complétés par la présentation de deux principes, le premier en voie de généralisation (transparence), le second (gratuité), objet de débats.

A. La continuité

Le principe de continuité impose aux autorités de veiller à ce que les services soient en état de fonctionner et que les perturbations, toujours possibles, n'en paralysent pas l'exécution.

L'usager est en droit d'attendre un fonctionnement normal et régulier des services, conforme à la satisfaction de ses besoins : des besoins qui peuvent être permanents (sécurité publique, distribution d'électricité, d'eau, santé...), périodiques (collecte de déchets, activités sportives...) ou ponctuels (formation professionnelle...).

Ce principe n'impose cependant pas une permanence du service (qui peut être supprimé), ni l'intangibilité des conditions de fonctionnement (modification des jours et/ou horaires d'ouverture) ou des situations individuelles (modification du statut des agents).

Le principe de continuité trouve à s'appliquer dans de nombreux domaines du droit public. Il fonde par exemple la possibilité de réquisition des agents pour assurer un service minimum, l'obligation d'exclusivité d'emploi des fonctionnaires au profit de la personne publique (des dérogations sont cependant admises) ou l'obligation du cocontractant de continuer à exécuter le contrat passé avec l'administration même en cas de changement de circonstances (mais avec droit à indemnisation pour les difficultés rencontrées).

B. La mutabilité

Un service public doit pouvoir être adapté à tout moment à l'évolution des besoins collectifs. Il n'existe ainsi pas de droits acquis pour les usagers ou les agents du maintien d'un service, d'une réglementation. L'adaptation passe aussi par l'innovation, afin de tenir compte de la modification des comportements sociaux et des évolutions technologiques. L'ouverture de certains services publics le samedi, et les réalisations récentes de bon nombre d'administrations en matière d'administration électronique, illustrent le fait que l'adaptabilité est déjà mise en œuvre.

La mutabilité concerne aussi le déroulement de la carrière des fonctionnaires. C'est parce qu'un service public évolue avec les années, en fonction des besoins des usagers, que le fonctionnaire devra nécessairement suivre des sessions de formation professionnelle, voire se voir confier des missions nouvelles sur des emplois correspondant aux besoins du service public sans qu'y fasse obstacle le grade que ces agents occupent dans un corps donné.

C. L'égalité d'accès et de traitement

Les usagers doivent bénéficier d'un accès au service public identique, sans aucune discrimination dès lors qu'ils sont placés dans une situation identique. Le principe même du concours administratif répond à cette logique visant à ne sélectionner les lauréats qu'au regard de leurs mérites. L'égalité ne signifie cependant pas l'uniformité. Sont reconnues des possibilités de traitement différencié justifiées par l'intérêt général (exemples : dérogation au principe du concours pour les personnes handicapées, tarification différenciée selon l'âge ou le revenu fiscal, exonérations fiscales en faveur du développement économique...).

L'obligation de neutralité du service et des agents traduit notamment ce principe. Les services publics doivent fonctionner en tenant compte uniquement de l'intérêt général, ne faire aucune discrimination entre les usagers en raison de leurs opinions, de leur état de santé, de leur sexe, de leur origine ou de leur race.

D. La transparence

Les services publics ne doivent plus fonctionner sous le sceau du secret dans le cadre d'une action qui serait soustraite à l'appréciation des citoyens. Ceux-ci doivent être informés sur les politiques publiques, les objectifs et les moyens, et être associés à la définition et à la mise en œuvre. Se sont ainsi multipliés, depuis 1978, des textes destinés à permettre l'accès aux documents administratifs et aux fichiers informatisés obligeant l'administration à élaborer et mettre à disposition des rapports annuels sur le prix et la qualité du service public.

L'usager jouit d'un droit à l'information qui implique que l'agent public doit expliciter les décisions prises par les autorités de la collectivité, les procédures à suivre pour obtenir un document... La publication des lois et décrets au *Journal officiel*, des circulaires au *Bulletin officiel* des ministères participe également à la mise en œuvre de ce principe.

Cette transparence se retrouve dans les dispositifs imposant la publicité et la mise en concurrence pour le choix des partenaires dans la gestion du service public (exemple de l'appel d'offre pour les marchés publics ou les délégations de service public), ou imposant la création d'instances consultatives dont lesquelles sont représentés directement les usagers ou leurs associations (exemples des conseils de quartier).

E. La gratuité

L'existence du principe de gratuité est controversé. Le service public n'est jamais gratuit. Il faut bien le financer ne serait-ce que par l'impôt. Ce principe n'a d'ailleurs jamais fait l'objet d'une consécration générale par le juge. Le Conseil constitutionnel lui refuse toute valeur constitutionnelle au contraire des principes de continuité, de mutabilité et d'égalité. La loi ou le juge ont pourtant parfois affirmé expressément le principe de gratuité dans des domaines spécifiques, l'éducation notamment (préambule de la Constitution) ou les services relatifs à la sécurité (sapeurs-pompiers,

police sauf dans l'hypothèse d'une intervention au bénéfice personnel et exclusif de l'usager).
Au sens strict, la gratuité du service existe lorsque ce service fournit des prestations sans exiger de contrepartie financière directe de l'usager. C'est le cas de nombreux services dits administratifs (état civil, voirie, éducation, justice, armée...). Dans le cas des services dits industriels et commerciaux, dont la gestion s'apparente à la gestion privée d'une entreprise, l'usager se voit exiger le paiement du service rendu. Cependant, la finalité d'intérêt général du service public conduit souvent à fixer un prix en dessous du coût de revient (cantines scolaires, transports publics urbains...), notamment pour en permettre l'accès aux plus démunis, pour en préserver l'égal accès.

En tout état de cause, l'objectif d'un service public ne doit pas être de rechercher le profit pour le profit.

À CONSULTER

Livre blanc sur l'avenir de la fonction publique
Les valeurs des services publics et de la fonction publique (2008).

www.fonction-publique.gouv.fr
Rubrique « Les grands dossiers ».

Le droit de l'action publique : normes et hiérarchie des normes

Le principe de légalité constitue le principe classique d'un « État de droit », caractérisé par la soumission de la puissance publique et de son action à la loi, plus globalement au droit, au même titre que les particuliers. La légalité, entendue ici comme l'ensemble des normes définissant droits et obligations des acteurs publics et privés du système, constitue à la fois :

– le fondement, les moyens de l'action administrative, l'administration ne pouvant agir que si elle y est habilitée par une règle de droit ;

– et sa limite, les actes juridiques ou matériels de l'administration ne devant pas être contraires aux règles de droit, protégeant ainsi les individus contre l'arbitraire du pouvoir.

Sources de la légalité et cadre de l'action publique, les règles de droit représentent un ensemble aux composantes multiples et hiérarchisées.

1 Les sources écrites : des textes normatifs

A. Des règles extérieures à l'administration

1. Les règles constitutionnelles ou « bloc constitutionnel » constituent les normes supérieures

Ce bloc comprend le texte même de la Constitution de la Ve République de 1958 (texte qui définit les principes d'organisation et de fonctionnement des autorités de l'État et les mécanismes de protection des droits et libertés fondamentales) mais aussi le préambule de la Constitution et les textes et principes auxquels il se réfère : la Déclaration des droits de l'homme et du citoyen de 1789 (liberté d'opinion, droit de propriété...), le préambule de 1946 (principe d'égalité entre hommes et femmes, droit de grève...) et la Charte de l'environnement intégrée en 2005 (droit de vivre dans un environnement sain, principe de précaution...). La Constitution a fait l'objet d'une importante révision en juillet 2008, renforçant notamment les pouvoirs du Parlement.

2. Les normes internationales

La supériorité du droit international sur le droit national est affirmée explicitement pour les lois par la Constitution, induisant de fait également une subordination pour les actes administratifs.

Le droit international se compose des actes conventionnels (traités, accords, chartes...) et des actes dérivés (normes adoptées par les autorités créées par les traités).

Ces derniers représentent une part essentielle du droit communautaire (règlements et directives notamment). Plus de 20 % des textes nouveaux adoptés en France au niveau national sont désormais d'origine communautaire.

3. Les normes législatives

Les lois auxquelles s'ajoutent les textes assimilés à la loi (décisions présidentielles lors de périodes de crise, ordonnances) représentent le troisième bloc de la légalité. Adoptées en principe par le Parlement, elles sont dites organiques lorsqu'elles précisent les modalités d'application de la Constitution.

B. Des règles édictées par l'administration

Ces règles, qualifiées d'actes administratifs unilatéraux, sont chargées de préciser et de mettre en œuvre les lois. Elles sont subordonnées à l'ensemble (Constitution, traités et lois) mais constituent aussi une source de légalité à la fois pour l'administration et pour les particuliers. Il est d'usage de distinguer les actes réglementaires ayant une portée générale et impersonnelle des actes individuels car nominatifs.

Ces actes (décret, délibération, arrêté, décision...) relèvent d'autorités diverses. Ainsi les décrets sont édictés par le président de la République ou le Premier ministre. Les arrêtés sont pris par les ministres, préfets, maires ou présidents des Conseils régionaux ou généraux, les délibérations par les Conseils municipaux, départementaux ou régionaux ou les Conseils des établissements publics.

2 Les sources jurisprudentielles : un droit non écrit

A. Définition et fonction de la jurisprudence

Dans sa définition la plus globale, il s'agit de l'ensemble des décisions rendues par les tribunaux. Le juge ne se contente pas, en effet, d'appliquer les règles de droit, il est appelé à combler les lacunes du droit écrit, à compléter ou interpréter une règle de droit imprécise.

Une décision n'a en principe aucune portée générale (impossibilité d'annuler une norme pour sa contrariété avec une décision de jurisprudence déjà rendue), n'a qu'une valeur relative à l'affaire jugée. Néanmoins, l'examen des motifs de la décision permet de dégager la règle et le raisonnement qui ont été appliqués au cas particulier, règle et raisonnement qui serviront de « modèle » pour des litiges ultérieurs portant sur des problèmes identiques ou similaires.

B. Des règles jurisprudentielles particulières

Le juge profite parfois d'une affaire particulière pour dégager des principes fondamentaux ou généraux. Il s'agit alors de « règles » s'imposant à l'ensemble des acteurs du droit.

Parmi ces principes, il convient de citer :

– les « principes fondamentaux reconnus par les lois de la République » : ce sont des principes à valeur constitutionnelle dégagés par le Conseil constitutionnel s'imposant donc au législateur, principes issus de lois traduisant de manière constante une même tradition politique et adoptés par un Parlement républicain avant 1946 (liberté d'association reconnue, indépendance de la juridiction administrative, libre administration des collectivités territoriales...) ;

– les principes généraux du droit : ce sont des principes non écrits, révélés par le juge administratif et rattachés à l'esprit général des valeurs d'un État de droit (respect des droits de la défense, obligation de rémunération des agents publics au minimum à hauteur du SMIC, droit à la dignité de la personne humaine...). Ces principes ont une valeur supérieure aux décrets et inférieure à la loi.

LES JURIDICTIONS FRANÇAISES

• **Le Conseil constitutionnel** : en tant que juge, il est chargé de vérifier la conformité des lois et des normes internationales à la Constitution.

• **Les juridictions administratives :** ensemble formé essentiellement des tribunaux administratifs, des cours administratives d'appel et du Conseil d'État, ces juges sont chargés de vérifier la conformité des actes administratifs aux normes constitutionnelles et internationales.

• **Les juridictions judiciaires :** ensemble formé essentiellement des tribunaux d'instance ou de grande instance, des cours d'appel et de la Cour de cassation, ces juges sont chargés de vérifier la légalité des actes des personnes de droit privé (particuliers ou personnes morales telles les associations, entreprises...).

À CONSULTER

www.vie-publique.fr
www. conseil-constitutionnel.fr
www.conseil-etat.fr
www.justice.gouv.fr

La fonction publique

Dans son acception la plus traditionnelle, la fonction publique représente l'ensemble des personnels chargés d'assurer les missions relevant de l'action des administrations publiques et dotés d'un statut spécifique par rapport au droit commun du travail. Ce particularisme juridique est justifié par le fait que la puissance publique n'est pas un employeur comme les autres, eu égard aux nécessités du service public, aux sujétions qu'impose la poursuite de l'intérêt général.

Ce statut de droit public concerne plus de cinq millions de personnes, qualifiées alors d'agents publics. Mais tous les agents publics ne sont pas des fonctionnaires. La France a, en effet, adopté une conception de la fonction publique dite de la carrière (par opposition au système de l'emploi où l'agent est recruté pour occuper des fonctions spécifiques, est lié à son administration par un contrat et peut être licencié) qui ne reconnaît cette qualité qu'aux agents titulaires d'un grade au sein d'une structure hiérarchisée dans laquelle ils ont vocation à faire carrière et à occuper différents emplois. Représentant ainsi un ensemble cohérent, les fonctionnaires ont été dotés en 1946 d'un statut général définissant les dispositions relatives à leur situation, leurs droits et obligations. Ce statut ne concernait cependant que la fonction publique d'État (FPE). Prenant en compte l'impact de la décentralisation et souhaitant améliorer les garanties des agents, la loi du 13 juillet 1983 a fait le choix d'une fonction publique à deux versants :

– une fonction publique unique dotée d'un corps de règles unique sur la base d'une définition unifiée du fonctionnaire, permettant ainsi une mobilité entre fonctions publiques : loi du 13 juillet 1983 portant droits et obligations des fonctionnaires ;

– trois fonctions publiques distinctes, traduction des particularités de gestion propres à chaque employeur :

  – l'État : employeur unique postulant à une gestion centralisée concrétisée par la loi du 11 Janvier 1984 portant statut de la FPE ;

  – les collectivités territoriales et leurs établissements publics : un principe constitutionnel de libre administration, une atomicité des collectivités (près de 60 000 employeurs locaux) supposant une liberté de recrutement et de gestion du personnel traduite par la loi du 26 Janvier 1984 portant statut de la fonction publique territoriale (FPT) ;

  – les établissements publics hospitaliers et médico-sociaux (hospices, maisons de retraite…) : une gestion autonome liée au statut d'établissement public et aux spécificités des missions exercées, traduite dans la loi du 9 Janvier 1986 portant statut de la fonction publique hospitalière (FPH).

1 Les notions essentielles du statut de fonctionnaire

A. Une notion-clé, le corps ou cadre d'emplois

Le corps (FPE et FPH)) ou le cadre d'emplois (FPT) regroupe les fonctionnaires soumis au même statut particulier (fixant la nature des fonctions, la hiérarchie des grades, le nombre d'échelons et les conditions de recrutement, de promotion et de rémunération) et ayant vocation aux mêmes grades et emplois : corps des agents administratifs des impôts, des professeurs d'école, des cadres de santé, cadres d'emplois des ingénieurs, des adjoints d'animation... Il existe près de 350 corps dans la FPE (programme de réduction du nombre de corps en cours pour atteindre 230 en 2017 avec l'objectif de simplifier l'organisation, de mettre fin au cloisonnement statutaire pour construire une fonction publique de métiers permettant de gérer des carrières et non des statuts), 49 corps dans la FPH et 53 cadres d'emplois dans la FPT.

B. Des notions complémentaires

Le **grade** représente une subdivision du corps ou cadre d'emplois, **l'échelon** constitue une subdivision du grade faisant ainsi reposer le statut sur une structure hiérarchisée générant un droit à carrière au sein de ce corps ou cadre d'emplois.

Ces corps ou cadres d'emplois sont regroupés par **catégories**, classées selon le niveau de diplôme exigé pour le recrutement et les fonctions exercées : A (direction et conception : attaché d'administration centrale, ingénieur...), B (encadrement intermédiaire : contrôleur des finances, technicien supérieur...) et C (exécution : agent des finances publiques, adjoint administratif...).

C. La distinction du grade et de l'emploi : mutabilité et protection

L'emploi fait ici référence aux fonctions confiées à l'agent (agent d'accueil, chargé du contrôle des dossiers...). Une distinction fondamentale doit donc être faite entre le grade (titre juridique) et l'emploi fonction. **Le grade est attaché à l'agent qui en est titulaire, l'emploi est à disposition de l'employeur.** L'employeur dispose ainsi d'une autonomie de gestion, étant libre de créer ou supprimer un emploi, libre d'affecter l'agent sur les fonctions de son choix avec cependant l'obligation de confier des fonctions correspondant au grade.

L'agent dispose cependant de garanties non négligeables : le droit à mobilité professionnelle (changement de fonctions possible sans perte du grade d'origine) et la garantie d'emploi. En effet, une suppression d'emploi budgétaire n'a pas d'influence sur le statut de l'agent, la possession d'un grade garantissant le maintien de ses droits statutaires essentiels (droit à avancement, à rémunération). La perte du grade ne peut résulter que d'une révocation pour faute ou d'un licenciement (insuffisance professionnelle, inaptitude physique essentiellement).

2 Le droit à carrière des fonctionnaires

Chaque statut particulier précise les conditions spécifiques aux corps ou cadres d'emplois concernés. Cependant, tous les statuts prévoient les mêmes modalités de carrière soit au sein du corps ou cadre d'emplois, soit par changement de corps ou cadre d'emplois.

A. L'avancement à l'intérieur du corps ou cadre d'emplois

L'avancement d'échelon, qui assure une augmentation du traitement, est fonction en priorité de l'ancienneté de l'agent. Il constitue une garantie automatique liée à l'ancienneté, mais est subordonné à l'appréciation de la valeur professionnelle pour un avancement plus rapide. Chaque grade dispose d'une grille précisant les durées de chaque échelon et les indices de rémunération.

L'avancement de grade, continu ou discontinu, est toujours au choix de l'employeur. Il est encadré notamment par des conditions d'ancienneté, de taux de promotion, de suivi de formation ou d'examen professionnel et bien entendu de valeur professionnelle.

B. Le changement de corps ou cadre d'emplois

Les concours (externe, interne et troisième concours) constituent le mode d'accès de droit commun. Des exceptions existent néanmoins. Ainsi, la plupart des recrutements dans les grades de début de carrière de la catégorie C s'effectuent sans concours. En outre, les personnes handicapées bénéficient de dispositions dérogatoires leur permettant d'accéder plus facilement à l'emploi public.

La promotion interne représente une modalité dérogatoire au concours. Il s'agit d'une voie d'accès réservée aux fonctionnaires de chaque fonction publique, subordonnée elle aussi à des conditions restrictives de valeur professionnelle, d'ancienneté, d'âge, de formation, de quotas voire d'examen professionnel.

3 Une carrière garantie par le droit à mobilité

A. Le changement de la position administrative

La notion de position correspond à la situation de l'agent vis-à-vis de son corps et de son administration d'emploi. Des situations diversifiées permettent à l'agent d'exercer d'autres fonctions tout en garantissant, dans la majorité des cas, le maintien de l'essentiel des droits à carrière et la réintégration de l'agent dans son administration d'origine.

Trois positions peuvent en particulier être signalées :
– le détachement : dans cette position, le fonctionnaire exerce une autre activité dans le secteur public ou privé (mais lié au secteur public) tout en conservant son droit à carrière et retraite dans son statut d'origine ;
– la disponibilité : cette position permet d'interrompre temporairement son activité pour de multiples raisons (activité dans le privé, études, congé sabbatique…) mais l'agent voit ses droits à carrière et retraite suspendus.
– le congé parental : dans cette position, le fonctionnaire élève son enfant de moins de trois ans, voit son droit à retraite suspendu mais conserve un droit à avancement d'échelon réduit de moitié ;

B. Une mobilité institutionnelle

Cette mobilité est permise par une définition unique de la notion de fonctionnaire et de ses droits pour les trois fonctions publiques (loi du 13 juillet 1983). Le fonctionnaire est une personne nommée sur un emploi permanent, titularisée dans un grade de la hiérarchie administrative et placée dans une situation statutaire et réglementaire.

Un droit à mobilité est ainsi reconnu entre corps, entre cadres d'emplois et/ou entre fonctions publiques. La technique privilégiée est le détachement (sortie temporaire du corps ou du cadre d'emploi) suivi éventuellement d'une intégration, qui permet désormais également une mobilité élargie aux fonctions publiques des États de l'Union européenne.

Une intégration directe, non précédée d'un détachement, est également possible depuis 2009.
Plus globalement, ce développement de la mobilité est une nouvelle illustration d'une évolution qui consiste en un rapprochement du droit de la fonction publique et du droit du travail.

Les pouvoirs publics ont amplifié ces dernières années cette évolution. Plusieurs exemples peuvent être cités :
– la prise en compte de l'expérience professionnelle, y compris du privé : procédure de validation des acquis de l'expérience professionnelle (VAE) permettant l'obtention d'un diplôme ou titre délivré par l'enseignement supérieur, reconnaissance des acquis de l'expérience professionnelle (REP) pour l'accès aux concours et comme critère de carrière ;
– le remplacement progressif de la notation par une procédure d'évaluation avec entretien ;
– l'extension de la rémunération au mérite, prenant en compte l'effort accompli individuellement et collectivement (*cf.* p. 218).
Le juge administratif a également participé à cette évolution en consacrant un socle social minimum commun à l'ensemble des salariés par l'extension aux agents publics de principes inscrits dans le Code du travail : interdiction de licenciement d'une femme enceinte, de rémunération au minimum au SMIC, droit de retrait, obligation de reclassement pour inaptitude physique…

La fonction publique : chiffres 2016

- 5,4 millions d'agents publics (hors emplois aidés type contrats d'apprentissage, d'avenir…), soit 20 % de l'emploi total en France : 82 % de fonctionnaires, 18 % de contractuels (ou non titulaires).
- 44 % relève de la FPE (2,39 millions dont 220 000 militaires), 35 % de la FPT (1,90) et 21 % de la FPH (1,1) :
  – le ministère de l'Éducation nationale est le principal employeur public avec plus d'un million d'agents (7 enseignants sur 10) ;
  – 95 % des agents de l'État sont affectés dans l'administration déconcentrée ;
  – 70 % des agents de la FPT sont employés par les communes ou les intercommunalités.
- Une féminisation marquée des emplois : environ 60 %.
- Une forte proportion d'agents de catégorie C : environ 45 %.

À consulter

www.fonction-publique.gouv.fr

Rapport de Bernard Pêcheur sur l'avenir de la fonction publique, novembre 2013, www.gouvernement.fr

Les droits des fonctionnaires

Le service des collectivités publiques comporte pour les fonctionnaires, du fait de la finalité d'intérêt général qui s'attache aux missions de l'administration, des obligations spécifiques néanmoins compensées par des garanties et des droits. La loi du 13 juillet 1983, texte commun à l'ensemble des trois fonctions publiques, est le premier texte qui dresse, de manière exhaustive, la liste des droits. Le fonctionnaire se voit naturellement reconnaître des droits en sa qualité de citoyen et de salarié. Il dispose également de droits spécifiques à sa qualité d'agent public.

1 Le fonctionnaire citoyen

Deux droits fondamentaux reconnus dans la Déclaration des droits de l'homme et du citoyen de 1789 et constitutionnellement protégés sont attachés à la qualité de citoyen.

A. La liberté d'opinion

Elle affirme la liberté de conscience, de pensée, d'adhésion aux opinions politiques, syndicales, philosophiques ou religieuses de son choix ; ces opinions ne doivent pas figurer dans le dossier individuel de l'agent et ne doivent pas être prises en compte lors des décisions relatives à sa carrière.
Les autorités d'emploi doivent donc être indifférentes aux opinions des agents. L'ignorance de ces opinions est la première garantie qu'ils y seront indifférents. Il existe cependant une exception avec la catégorie des emplois dits supérieurs ou à la discrétion du gouvernement (préfets, directeurs d'administration centrale…) où, du fait de leur proximité avec le pouvoir politique, les titulaires de ces postes peuvent faire l'objet d'un changement d'affectation en raison de leurs opinions. La situation est identique pour les emplois dits fonctionnels des collectivités territoriales (directeurs généraux de service…).

B. La liberté d'expression

Pour exprimer librement ses opinions, le fonctionnaire est libre d'adhérer et d'avoir une action militante dans un parti, un syndicat, de se présenter à une élection politique ou professionnelle. Il dispose de la liberté d'écriture et de parole. Le statut prohibe bien évidemment en complément toute discrimination liée notamment à la race, au sexe ou à l'état physique.

La liberté d'expression est cependant d'une intensité variable et encadrée selon que l'agent est en service ou non. En service, la liberté est limitée par le principe de neutralité, en dehors, par le devoir de réserve (*cf.* p. 185).

2 Le fonctionnaire salarié

A. Les droits collectifs

Le droit d'expression, de défense collective des intérêts professionnels se traduit par le droit syndical ou d'association professionnelle, le droit de grève, le droit à la représentation et participation dans le cadre des instances dites paritaires : la CAP (commission administrative paritaire), le CT (comité technique) et le comité d'hygiène, de sécurité et des conditions de travail (CHCST).
Le droit de grève est un droit constitutionnel mais encadré pour assurer sa compatibilité avec le principe de continuité du service public :
– un droit refusé à certains agents : préfets, police nationale... ;
– un droit limité par le pouvoir de réquisition reconnu aux autorités étatiques ou locales (exécutifs) en cas de risques majeurs pour le maintien de l'ordre public, pour assurer les fonctions essentielles du service public ;
– un droit parfois encadré (loi du 20 août 2008 sur le droit d'accueil dans les écoles) avec l'obligation d'un préavis individuel de 48 heures pour les personnels enseignants.

B. Les droits individuels

Ils sont multiples. Ils comprennent en particulier le droit à rémunération, à congés (annuels, maternité, maladie...), à la formation permanente, professionnelle et personnelle, et enfin la garantie des conditions d'hygiène et de sécurité au travail.
Le droit à la formation professionnelle est désormais garanti tout au long de la vie. Une loi du 2 février 2007 l'a renforcé, notamment avec l'instauration du droit individuel à formation (un droit minimal garanti de 20 heures par an) et la réforme de la formation obligatoire, étendue à l'ensemble des catégories, dont la catégorie C qui n'en bénéficiait pas jusqu'alors. Cette formation obligatoire comprend en particulier les formations d'intégration, d'adaptation au premier emploi et tout au long de la vie. Le compte personnel de formation se substitue à compter de 2017 au droit individuel à formation.
- un droit minimal garanti, porté de 20 à 24 heures par an, dans la limite de 150 heures ;
- un droit majoré pour les agents de catégorie C dépourvus de qualification (48 heures par an dans la limite de 400 heures).

3 Des droits spécifiques au fonctionnaire

A. Les garanties d'emploi et de carrière

Elles sont fondées sur la distinction du grade et de l'emploi.

Le grade représente un titre juridique (adjoint, secrétaire administratif...) qui correspond au niveau hiérarchique au sein du corps ou cadre d'emplois. Il confère à son titulaire vocation à occuper un certain nombre d'emplois, l'emploi ou le poste de travail étant identifié par les fonctions confiées à l'agent (agent d'accueil, assistant de direction...).

Cette distinction permet ainsi une mobilité interne à la collectivité et externe (par changement d'administration) et représente une garantie pour éviter les licenciements pour perte d'emploi. En cas de suppression d'emploi décidée par la collectivité, l'agent conserve en effet son grade et les avantages attachés (rémunération, carrière...).

B. Le droit à la protection juridique

Il se concrétise en cas d'agression liée au service par l'obligation pour la collectivité de réparation pécuniaire intégrale du préjudice.

Dans l'hypothèse d'une faute dite « de service », l'administration est responsable civilement en lieu et place de l'agent.

La faute de service, faute qui révèle l'agent public en service, doit être distinguée de la faute personnelle, faute (en service ou hors service) qui révèle l'être humain, une faute détachable du service. Dans ce dernier cas, l'agent n'est pas logiquement couvert par son administration et doit répondre personnellement des conséquences dommageables de ses actes.

La loi déontologie du 20 avril 2016 a, en outre, institué une protection spécifique pour les « lanceurs d'alerte ». La loi prévoit que les agents publics qui signaleront, de bonne foi, l'existence d'un conflit d'intérêts ne pourront pas être sanctionnés, ni discriminés dans leur carrière.

À CONSULTER

Livre blanc sur l'avenir de la fonction publique
Les valeurs des services publics et de la fonction publique (2008).

www.fonction-publique.gouv.fr
Rubrique « Les grands dossiers ».

Les obligations des fonctionnaires

Ces obligations, définies par la loi du 13 juillet 1983 portant droits et obligations des fonctionnaires et la jurisprudence du Conseil d'État, peuvent être classées en deux catégories : les obligations relatives au service et celles relatives au comportement général de l'agent.

1 L'obligation de servir

Elle constitue l'obligation fondamentale et se définit comme l'obligation pour l'agent de consacrer son activité professionnelle à l'exercice des fonctions correspondant à son emploi et en se conformant aux instructions du supérieur hiérarchique.

A. L'obligation de se consacrer à ses fonctions

L'agent doit exercer personnellement et bien entendu correctement les attributions dont il a été investi, doit être présent en occupant effectivement son emploi durant le temps légal de travail défini par l'employeur. En outre, il doit se consacrer exclusivement au service. Le fonctionnaire ne peut en principe cumuler des emplois, des rémunérations.

Assouplies par la loi de modernisation du 2 février 2007 qui a élargi la liste des activités accessoires autorisées (formation, services à la personne…), les possibilités de cumul ont été réduites par la loi déontologie du 20 avril 2016. Les agents publics ne pourront plus cumuler notamment un temps complet avec la création ou la reprise d'une entreprise.

B. L'obligation d'obéissance

L'agent doit exécuter les instructions émises par les autorités hiérarchiques. Ce n'est qu'exceptionnellement qu'il peut désobéir (droit de retrait, c'est-à-dire droit de se retirer d'une situation dangereuse pour sa vie, sa santé) ou être soumis au devoir de désobéissance (en cas d'ordre manifestement illégal et de nature à troubler gravement un intérêt public).

C. Des obligations complémentaires

Deux obligations spécifiques complètent les obligations relatives au service : l'obligation d'information de la hiérarchie (la remontée de l'information, des données de fait et de droit constituant une condition de l'efficacité et de la légalité de l'action administrative) et de formation (imposée par les statuts ou l'administration d'emploi pour améliorer la qualité du service).

2 Les obligations de comportement

Elles sont multiples et contribuent à assurer que les agents s'acquittent de leur obligation de servir au mieux l'intérêt général.

A. L'obligation de neutralité et d'impartialité

Principe à valeur constitutionnelle, l'obligation de neutralité est le gage de l'égalité de traitement devant le service public et doit être combiné avec la liberté de conscience dont jouit chaque agent public en tant que citoyen.

Les services publics doivent fonctionner en tenant compte uniquement de l'intérêt général, ne faire aucune discrimination entre les usagers en raison de leurs opinions, de leur sexe, de leur état de santé ou de leur race. Le fonctionnaire ne doit pas faire de sa fonction un instrument de propagande pour ses convictions (respect notamment du principe de laïcité interdisant le port de signes religieux distinctifs et ostensibles), et doit faire preuve d'une stricte impartialité envers les usagers.

Dans ce cadre, l'agent doit signaler à sa hiérarchie de possibles conflits d'intérêts entre l'intérêt public et des intérêts privés, interférences pouvant être de nature à influencer ou paraître influencer l'exercice impartial, objectif des fonctions (exemple d'un agent chargé d'instruire le permis de construire déposé par une SCI gérant son propre patrimoine familial).

B. L'obligation de probité et d'intégrité

Il s'agit d'une obligation générale d'honnêteté, de désintéressement. Un fonctionnaire doit être intègre, honnête, respectueux des biens et de la propriété d'autrui, ne doit pas mettre en contradiction son intérêt personnel et celui de la collectivité qu'il sert. Cette obligation recouvre le désintéressement, mais ne s'y limite pas. Ainsi le fonctionnaire a interdiction d'utiliser des moyens du service à des fins personnelles, de tirer un profit personnel en monnayant l'exercice des pouvoirs attribués, de percevoir toute rémunération de la part des usagers du service.

C. L'obligation de dignité

L'agent ne doit pas, par son attitude, porter atteinte à l'image, à la crédibilité du service public. Le fonctionnaire a, certes, droit au respect de sa vie privée mais il doit faire preuve de correction, de tempérance dans sa tenue et ses agissements, notamment en dehors du service. Cette obligation est appréciée au regard des fonctions exercées, de la place du fonctionnaire dans la hiérarchie.

La loi du 13 juillet 1983 prévoit d'ailleurs que l'administration dispose du pouvoir d'apprécier (lors du recrutement ou pendant l'exercice des fonctions) si les condamnations portées au casier judiciaire témoignent d'un comportement de nature à jeter le discrédit sur le service public.

D. L'obligation au silence

Cette obligation est double. Elle impose au fonctionnaire l'obligation de discrétion professionnelle (relative aux faits, informations concernant le service) et de secret professionnel (destinée à protéger les secrets des particuliers). Pour autant, ces obligations trouvent quelquefois leur limite dans l'obligation d'information du public, dans le cadre notamment des règles de transparence (accès aux documents administratifs, aux fichiers informatisés...).

E. Le devoir de réserve

Le devoir de réserve institue une limite à la liberté d'expression. Corollaire de la neutralité, elle impose au fonctionnaire d'observer une certaine retenue, de mesurer l'expression de ses opinions critiques, notamment politiques, sur l'action de son administration et de ses dirigeants.

La portée de l'obligation est cependant atténuée pour les agents exerçant des responsabilités syndicales, candidats à un mandat électif ou élus.

REMARQUE

La loi du 20 avril 2016 relative à la déontologie a inscrit expressément dans la loi du 13 juillet 1983 les obligations précédemment affirmées par le Conseil d'État de dignité, d'impartialité, d'intégrité, de probité, de neutralité et de respect de la laïcité. Seul le devoir de réserve demeure de nature jurisprudentielle.

À CONSULTER

Livre blanc sur l'avenir de la fonction publique
Les valeurs des services publics et de la fonction publique (2008).

http://www.fonction-publique.gouv.fr/module-de-sensibilisation-a-la-deontologie-o

Le financement de l'action publique

Les finances publiques, entendues ici comme l'étude des ressources et charges des administrations publiques (État, collectivités territoriales, établissements publics en dépendant et organismes de Sécurité sociale) constituent l'un des principaux leviers de l'action politique. Tout candidat doit, sinon maîtriser, du moins connaître les grandes lignes (et chiffres) et évolutions du budget des principales administrations, le budget étant formellement le document qui détermine, pour une année civile, la nature, le montant et l'affectation des ressources et des charges et l'équilibre (solde positif ou négatif, qualifié de déficit dans ce dernier cas) qui en résulte.

REMARQUE
Les chiffres indiqués ont été arrondis pour en faciliter la mémorisation. Ils correspondent aux données du budget prévisionnel 2018 pour l'État, et 2015 pour les collectivités territoriales.

1 Le budget de l'État

A. Les recettes nettes : 242 milliards d'euros en 2018

1. Les recettes fiscales

S'agissant des recettes, il convient de distinguer recettes brutes (417 milliards d'euros) et nettes. Pour déterminer le montant de ces dernières, il convient de déduire du montant brut, le montant des remboursements et dégrèvements accordés aux contribuables (115 milliards), les prélèvements au profit des collectivités territoriales (40 milliards correspondant à la perception des impôts locaux par l'État) et de l'Union européenne (20 milliards correspondant à la contribution de la France au budget européen).

L'État tire l'essentiel de ses ressources des recettes fiscales (près de 95 % du total des recettes hors emprunt), constituées d'impôts prélevés à la fois sur les citoyens et les entreprises. L'impôt, recette caractéristique de la puissance publique, est un prélèvement pécuniaire obligatoire et sans contrepartie directe, au contraire par exemple des cotisations sociales versées dans un but de protection sociale et

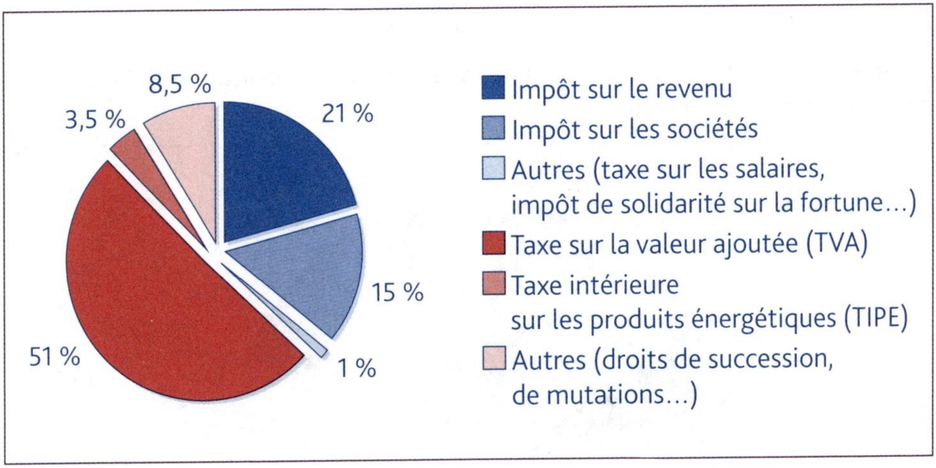

comportant une contrepartie (droit à une prestation). L'expression prélèvements obligatoires correspond à l'ensemble formé par les impôts (nationaux et locaux) et les ressources des régimes sociaux obligatoires (cotisations sociales et CSG).

Les impôts directs (impôt sur le revenu...) sont les impôts supportés directement par les personnes qui y sont assujetties. Les impôts indirects (TVA...) sont des impôts sur les dépenses, qui s'incorporent dans le prix des biens et des services consommés.

2. Les recettes non fiscales

Elles sont constituées de multiples recettes pour un poids relativement faible puisqu'elles représentent moins de 5 % des recettes (hors emprunt, soit 13,2 milliards d'euros en 2018).

En font ainsi partie le produit des participations de l'État dans les entreprises publiques (perception par l'État actionnaire de dividendes : EDF...), les prélèvements sur les jeux (Française des jeux, PMU, casinos), le produit des amendes, les prélèvements sur les traitements des personnels (retenues et cotisations sociales pour pension), les revenus du domaine de l'État, les dons et legs...

B. Les dépenses nettes : 386 milliards d'euros en 2018

1. Des dépenses des ministères classées désormais par politique publique pour une meilleure lisibilité

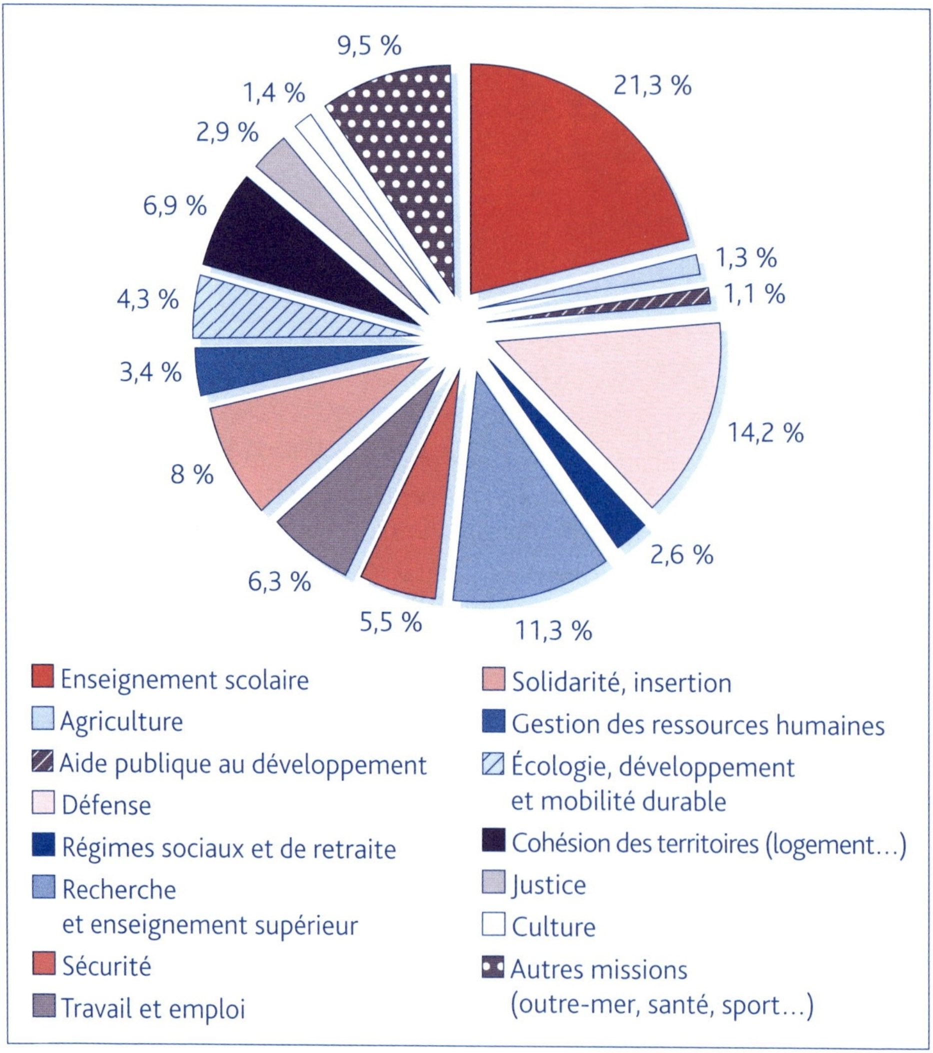

2. Une présentation par nature qui conserve cependant son intérêt

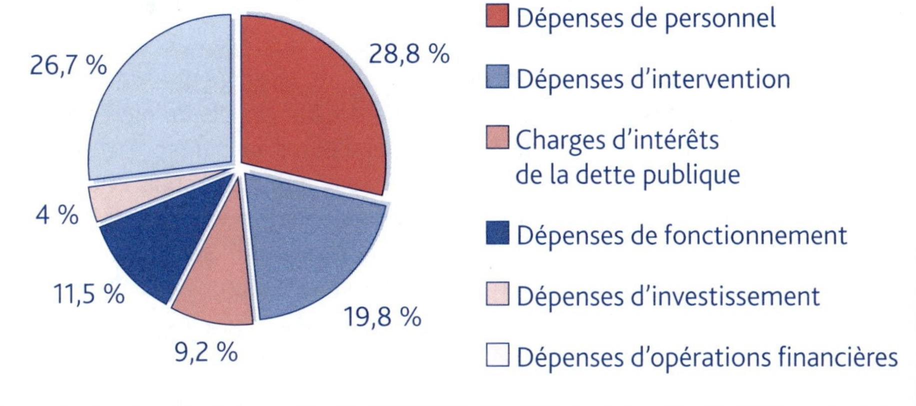

Pour les dépenses de personnel, la rémunération des personnels représente 60 %, les cotisations et contributions sociales, les prestations sociales et allocations diverses 40 %.

Les dépenses d'intervention sont constituées des transferts aux ménages (allocation pour adulte handicapé...), aux entreprises (aides à l'emploi...), aux collectivités territoriales et aux associations (subventions), et des subventions aux régimes spéciaux de retraite (RATP, SNCF).

Les dépenses de fonctionnement courant des services de l'État sont essentiellement représentées par les achats, la gestion immobilière et les dépenses d'entretien.

Les dépenses d'opérations financières correspondent principalement aux remboursements d'emprunt et autres charges de trésorerie (120 milliards pour 2018).

Au-delà de mesures de court terme, l'État cherche à conduire des réformes de structure qui contribuent à améliorer l'efficacité des dépenses publiques. C'est l'objectif de la révision générale des politiques publiques (2007) puis de la modernisation de l'action publique (2012). En remettant à plat l'ensemble des missions de l'État, ces politiques visent à identifier les réformes à même de réduire les dépenses, en maintenant l'efficacité des politiques publiques.

C. L'emprunt

Les emprunts sont réalisés par émission de titres (bons ou obligations du Trésor) sur les marchés financiers pour couvrir l'ensemble des charges de trésorerie et notamment financer le déficit budgétaire.

Depuis 1975 (date du dernier budget voté en équilibre), les dépenses de l'État sont supérieures aux recettes et le déficit a plus que doublé ces dix dernières années. Le déficit envisagé pour 2018 est de 84 milliards d'euros, ce qui représente 3,2 % du PIB (produit intérieur brut). Ce chiffre, en baisse néanmoins depuis 2009, (6 %) est encore supérieur au taux maximum de 3 % prévu par le pacte de stabilité et de croissance adopté au niveau européen (pays de la zone euro), seuil susceptible de déclencher une procédure de sanction par le Conseil européen.

Les déficits accumulés chaque année constituent la dette de l'État, soit près de 1 760 milliards d'euros en 2017. Envisagée plus globalement, la dette publique représente la dette de toutes les administrations publiques (État, administrations de Sécurité sociale, administrations locales). Elle s'élève à plus de 2 200 milliards d'euros en 2017, représentant 98,9 % du PIB contre 60 % prévu par le pacte de stabilité.
Le montant de la charge de la dette en 2018 est évalué à 41 milliards d'euros. Il s'agit du troisième poste de dépenses de l'État, après l'Éducation nationale (51 milliards d'euros) et les contributions aux régimes de pension des fonctionnaires (56,5 milliards d'euros).

D. La LOLF : la « constitution financière » de l'État

Adoptée dans le cadre de la réforme de l'État, la LOLF (loi organique relative aux lois de finances du 1er août 2001) définit une nouvelle architecture du budget de l'État. Cette loi traduit le passage d'une culture de moyens à une culture de résultats, de responsabilité.

Les crédits ne sont plus présentés par ministère, par nature de dépenses (personnel, fonctionnement, investissement...), mais par objectif. Cette logique d'objectif nécessite la définition au préalable des politiques d'action, les résultats attendus, les moyens de les réaliser et de les évaluer.

La nouvelle architecture permet de clarifier les différentes fonctions de l'État et de mieux identifier les responsabilités en son sein. Elle se structure autour de trois niveaux : les missions, les programmes et les actions.

• **Les missions** (30 missions en 2018) identifient une politique publique à vocation ministérielle ou interministérielle. Elles constituent l'unité de vote du Parlement, les parlementaires, pouvant, à l'intérieur d'une mission, réaffecter les crédits entre les programmes.

• **Les programmes** représentent un ensemble cohérent d'actions au service d'une stratégie définie. Un responsable est désigné pour la gestion des crédits avec liberté d'utiliser les crédits au sein du programme. Mais cette liberté de gestion est contrebalancée par une responsabilité accrue. Un projet annuel de performance (PAP) sur des objectifs mesurés par des indicateurs de performance est défini, complété par un budget opérationnel de programme (BOP).

• Enfin **les actions** représentent une déclinaison du programme, précisant la destination précise de la dépense.

EXEMPLE

Mission : administration générale et territoriale de l'État.

Programme : administration territoriale (crédits des préfectures).

Actions : coordination de la sécurité des personnes et des biens/contrôle de légalité et conseil aux collectivités territoriales…

Objectifs de performance : réduire le nombre d'actes non conformes des collectivités.

Indicateurs de résultats : taux d'actes retirés ou réformés après intervention de la préfecture.

2 Les finances locales

A. État des lieux des dépenses et recettes (225 milliards d'euros)

1. Les dépenses : un classement par nature

Les dépenses de fonctionnement (167 milliards d'euros, soit 75 % des dépenses totales) représentent les dépenses nécessaires à la gestion courante, au fonctionnement quotidien de la collectivité. Elles se composent essentiellement des frais de personnel (32 % des dépenses), des dépenses d'intervention (41 % = subventions accordées par exemple aux associations et prestations sociales en faveur des ménages notamment au titre de l'action sociale départementale telles l'APA, allocation personnalisée d'autonomie), des achats et charges externes (20 %) et des intérêts de la dette (3 %).

Ces chiffres masquent cependant des disparités importantes entre collectivités. Ainsi, les frais de personnel s'établissent à 35 % pour les communes, 11 % pour les départements, 3 % pour les régions.

Les dépenses réelles d'investissement (45 milliards d'euros, soit 25 % des dépenses totales) se traduisent par une modification du patrimoine de la collectivité : réalisation des travaux d'équipement et d'infrastructure (éducation, transports, voirie...), acquisition de biens mobiliers et immobiliers, remboursement du capital de la dette. Les collectivités décentralisées sont à l'origine de près des trois quarts de l'investissement public global, plus de la moitié des dépenses d'équipement étant réalisées par les communes.

Tableau des dépenses par fonctions

Fonctions	% de la dépense totale
Services généraux (personnel, entretien...)	18,9 %
Affaires économiques	19,4 %
Protection sociale	19 %
Enseignement	14,7 %
Loisirs, culture et culte	9,4 %
Protection de l'environnement	7,7 %
Logement et équipements collectifs	7,2 %
Ordre et sureté publics	3 %
Santé	0,7 %

2. Les recettes : un classement par origine

Les ressources internes sont essentiellement représentées par la fiscalité directe ou indirecte qui constitue la moitié des ressources (116 milliards d'euros) :

– le produit de la fiscalité est constitué pour près des deux tiers de recettes fiscales directes où il convient de distinguer les taxes « ménages » (impôts locaux) des taxes « économiques ». Les premières (non perçues par la région) sont constituées de la taxe d'habitation (perception par les communes et groupements de communes) et des taxes sur le foncier bâti (perception par les communes, groupements de communes et départements) et non bâti (perception par les communes et groupements

de communes). Les taxes économiques, payées par les entreprises, sont constituées pour l'essentiel de la contribution économique territoriale (remplaçant depuis 2011 la taxe professionnelle) et de l'imposition forfaitaire sur les entreprises de réseaux (énergie, eau, télécommunications...) ;
– la fiscalité indirecte est composée de taxes nombreuses et diverses, en général spécialisées par niveau de collectivité : région (taxe sur les cartes grises, taxe sur la consommation des produits énergétiques...), département (vignette des véhicules de société, droits de mutation, taxe sur la consommation des produits énergétiques, taxe sur les contrats d'assurance...), communes (taxes sur les casinos, taxes liées aux opérations d'urbanisme et d'aménagement...) ;
– les ressources non fiscales (recettes perçues en contrepartie des prestations fournies aux usagers – cantines, piscines, transports – ou de l'exploitation du domaine – concessions de cimetière... –) ne constituent qu'un très faible apport ;
– doit être enfin ajouté l'excédent généralement dégagé en matière de fonctionnement, reporté pour financer les dépenses d'investissement (12 %).

Les ressources externes se composent soit de transferts (30 %) soit d'emprunt (10 %) :
– les transferts proviennent de dotations ou compensations versées par l'État (compensations de charges transférées par la décentralisation ou d'exonérations et dégrèvements d'impôts locaux imposés par la loi) ou de subventions accordées par l'Union européenne ;
– l'emprunt qui ne peut être utilisé que pour le financement des dépenses d'investissement : fin 2015, la dette globale des collectivités décentralisées était de 186 milliards d'euros, soit près de 10 % de la dette publique globale.

B. L'autonomie financière des collectivités

1. Un principe de libre administration appliqué aux finances locales

La loi reconnaît aux collectivités le pouvoir de lever l'impôt, d'en définir le taux et de créer ou non des ressources fiscales. Cette autonomie rencontre cependant ses limites avec les prérogatives réservées à l'État : capacité de décider la création, la modification ou la suppression d'un impôt, définition des règles relatives à l'assiette (c'est-à-dire la matière imposable : par exemple, la valeur du logement pour la taxe d'habitation), au taux (plafonds fixés par la loi, variation des taux encadrée) et aux modalités de recouvrement.

L'autonomie de gestion est également reconnue en matière de dépenses à partir du moment où la dépense présente un intérêt local. Cependant, le législateur impose (frais de personnel, entretien de la voirie, enseignement…) ou interdit (domaine de compétence réservé à une collectivité spécifique) certaines dépenses.

À noter enfin que les collectivités locales ont l'obligation de voter leur budget en équilibre.

2. Une garantie constitutionnelle à l'autonomie financière

La décentralisation s'est accompagnée d'une spectaculaire croissance des charges pour les collectivités, du fait des multiples compétences transférées, souvent dans des domaines générant de forts investissements (éducation, transports, action sociale…). Ces transferts ont été compensés en grande partie par des dotations, mais dont les collectivités ne maîtrisent pas le montant et l'évolution.

Parallèlement, l'État a supprimé totalement ou partiellement ou réformé de multiples impôts locaux : ainsi la vignette pour les particuliers a été supprimée, et la taxe professionnelle a été remplacée par la contribution économique territoriale.

Pour encadrer cette évolution, la Constitution prévoit depuis 2004 que les ressources des collectivités territoriales doivent nécessairement comporter une composante fiscale, les recettes fiscales et autres ressources propres devant représenter une part déterminante de l'ensemble de leurs ressources : part minimale fixée par catégorie de collectivités à 60,8 % pour les communes et leurs groupements ; 58,6 % pour les départements et 41,7 % pour les régions (seuils planchers déterminés au niveau constaté en 2003).

C. Une évolution nécessaire des relations entre l'État et les collectivités locales

Le dernier rapport de la Cour des comptes sur les finances locales (2017) met l'accent sur deux réformes. La première concerne les concours financiers (dotations) de l'État avec comme objectifs de renforcer leur efficacité (en conditionnant les dotations à une meilleure maîtrise de la dépense locale) et l'équité (en privilégiant les dotations de péréquation). La seconde concerne la poursuite de la révision des valeurs locatives servant de base au calcul des impôts locaux, révision opérée pour les locaux professionnels, à mettre en œuvre pour les locaux d'habitation.

Les chiffres de la Sécurité sociale

- **Chiffres-clés du budget de la Sécurité sociale (chiffres 2017)**

Régimes de base	Dépenses (milliards d'euros)	Recettes (milliards d'euros)
Maladie	204,5	196
Accident travail/maladie professionnelle	14,2	14
Retraite	232,2	230
Famille	49,9	54
Total	500,8	494

- **Les ressources du régime général :**

– Les cotisations sociales (64 %) : un financement relevant d'une logique d'assurance traduite par les versements obligatoires acquittés par les non-salariés, les employeurs et les salariés pour acquérir des droits à prestations.

– Les ressources fiscales : part croissante des ressources justifiée par la nécessité de ne pas faire peser le financement des prestations sociales uniquement sur les revenus du travail et d'assurer un financement fondé sur une logique de solidarité nationale.

→ La contribution sociale généralisée (CSG) pour 16 % : impôt prélevé sur les revenus d'activité, des retraites et du patrimoine.

→ Les impôts et taxes affectés (hors CSG) pour 12 % : impôts sur les produits (droits de consommation sur les alcools et le tabac, taxes sur les assurances automobiles, taxe sur les activités polluantes...), impôts sur le revenu et le patrimoine (prélèvement de 2 % sur les revenus des capitaux et des valeurs mobilières).

– Les ressources de transfert dont notamment les contributions de l'État (8 %).

Les chiffres du budget européen 2017

- 157 milliards d'euros en crédits d'engagements pour le paiement des factures à venir pour les projets de longue durée financés par l'UE, et 135 milliards d'euros en crédits de paiement pour honorer les engagements antérieurs.
- Un budget essentiellement financé par les contributions des États membres :
– 75 % représentés par un prélèvement sur le RNB (revenu national brut) de chaque État membre (pourcentage fixé annuellement par le budget de l'Union) ;
– 11 % représentés par une contribution correspondant au montant d'une TVA perçue au taux de 0,5 % d'une assiette harmonisée entre les États ;
– 11 % représentés par les droits de douane perçus sur les importations en provenance de pays tiers au sein de l'UE ;
– 3 % représentés par des prélèvements agricoles perçus sur les importations dans l'UE de produits agricoles couverts par la politique agricole commune (PAC).
- Les dépenses opérationnelles liées à des actions et politiques de l'Union, représentent 95 % du budget.
– Le poste « croissance durable » regroupe la politique agricole commune, la politique commune de la pêche, le développement rural et les mesures environnementales : 55 milliards de crédits d'engagement.
– Le poste « croissance intelligente et inclusive » comprend l'ensemble des actions concernant la recherche et l'innovation, l'éducation et la formation, les réseaux transeuropéens, la politique sociale, le développement des entreprises et la politique régionale destinée à aider les pays et les régions de l'UE les moins développés, à rattraper leur retard : 56 milliards de crédits d'engagement.
– Le poste « L'Europe dans le monde » regroupe toutes les actions extérieures de l'UE, telles que l'aide au développement ou l'aide humanitaire : 9,2 milliards de crédits d'engagement.
– Le poste « Sécurité et citoyenneté » couvre la justice et les affaires intérieures, la protection des frontières, la politique d'immigration et d'asile, la santé publique, la protection des consommateurs, la culture, la jeunesse, l'information et le dialogue avec les citoyens : 3,8 milliards de crédits d'engagement.

À CONSULTER

www.performance-publique.gouv.fr
Le site pour actualiser les données des finances publiques.

www.collectivites-locales.gouv.fr

Les finances publiques au concours,
La Documentation française, M. Houser, 2013.

Rapport sur les finances locales,
septembre 2017, www.ccomptes.fr

La notion et les évolutions de la gestion des ressources humaines

Apparu à la fin des années 1960 dans les entreprises, le concept de gestion des ressources humaines (GRH) a gagné la fonction publique au début des années 1980. Depuis la démarche de « renouveau du service public » initiée par Michel Rocard en février 1989, la mise en place d'une GRH reconnue comme une fonction stratégique figure parmi les priorités retenues pour la réforme de l'État.

Gestion de l'Homme, gestion des Hommes, gestion des ressources humaines (voire des richesses humaines dans certaines collectivités territoriales), l'agent est désormais placé au cœur de l'organisation afin de permettre une optimisation de ses missions dans le but d'atteindre des objectifs définis par les autorités d'emplois, d'améliorer le service rendu à l'usager du service public. Il existe en effet une indéniable relation de proportionnalité entre ce qu'une organisation apporte à un agent et ce que celui-ci apporte, en retour, à cette organisation. Cette reconnaissance et ce respect mutuels sont l'une des clefs de la motivation et de l'efficacité des personnels et donc de la collectivité humaine qu'ils constituent.

1 De la gestion du personnel à la gestion des ressources humaines

A. La notion de GRH

Les salariés contribuent à la performance globale d'une organisation, d'une entreprise au même titre que les moyens matériels ou financiers. Ce capital humain, ce facteur de production constitue une variable sur laquelle il est possible d'agir. Pendant longtemps, les organisations n'ont considéré les salariés que comme des personnels dotés d'un emploi rémunéré et d'un statut juridique garantissant les droits et obligations des deux parties, le salarié étant un exécutant subordonné à une hiérarchie pyramidale. La gestion du personnel se limitait alors à une simple approche administrative, procédurale (rédaction des actes d'engagement et de gestion des carrières, gestion des congés et respect des procédures définies par le droit).

Une politique de gestion des ressources humaines pose un autre regard sur le salarié. Il passe du statut de facteur de production impersonnel, interchangeable, au statut d'être humain, d'être spécifique, complexe dont il convient de prendre en compte la personnalité propre. Chaque salarié possède des qualités, des capacités créatrices, des compétences, des facultés de se comporter de façon responsable, efficace au service de l'organisation. Mais il est aussi en attente de reconnaissance, de bien-être au travail. **Il ne s'agit donc plus de gérer des statuts mais de gérer des hommes et des femmes en les respectant, en tenant compte de leurs spécificités, d'agir sur les ressorts de la motivation, de l'implication au travail en tenant compte de leurs aspirations.** Les salariés constituent ainsi une énergie à mobiliser, un réservoir de ressources à valoriser pour le bon fonctionnement de la collectivité de travail. À l'employeur de savoir utiliser ces ressources, les repérer et les améliorer, les mettre au service des objectifs, de la stratégie de l'entreprise. À l'employeur d'ajuster au mieux le potentiel humain et de recruter pour ses missions et besoins.

B. GRH et secteur public

Cette approche ne pouvait qu'être intégrée dans la gestion des administrations publiques. Il est d'usage d'opposer schématiquement le secteur privé et le secteur public, l'entreprise et l'administration. S'il est vrai que les finalités, les valeurs, le cadre juridique sont des critères de distinction forts, que le service public et le statut de la fonction publique conservent toute leur spécificité, il n'en demeure pas moins que la recherche de l'efficacité, de la qualité du service rendu, les démarches d'amélioration de la performance (entendu comme l'atteinte des objectifs fixés) sont, doivent être des objectifs communs à toute organisation.

La gestion du fonctionnaire, doté d'un statut protecteur garantissant son emploi, a pendant longtemps été réduite à la simple application des dispositions statutaires présentées comme des contraintes incontournables : un statut particulier des agents précisé dans le cadre d'un corps (ou cadre d'emplois) défini sans véritable pertinence fonctionnelle ou professionnelle (sauf pour certains corps qui restent très identifiés à l'exercice d'un métier comme ceux de la police nationale, de l'enseignement ou de l'hôpital), une carrière où l'ancienneté commandait par exemple l'avancement d'échelon, de grade selon un rythme défini par avance, où la valeur professionnelle de l'agent n'intervenait que très peu, où la rémunération était exclusivement liée au grade et non à l'emploi occupé.

S'agissant de la gestion de l'organisation, les créations d'emploi n'étaient effectives que dans la mesure où elles étaient nécessaires pour faire avancer les agents. Les crédits liés au personnel étaient reconduits de manière quasi systématique dans une logique privilégiant une gestion à court terme sans anticiper les évolutions futures.

Les pouvoirs publics ont donc pris conscience, depuis près de vingt ans, qu'une gestion des ressources humaines dynamique et prospective pouvait être un

élément essentiel d'une plus grande efficacité de l'action administrative. Il s'agit de développer une gestion qui aille au-delà d'une simple administration du personnel pour mieux répondre aux besoins des services, favoriser l'initiative et la prise de responsabilité et aussi mieux répondre aux aspirations professionnelles et personnelles des agents. Donner toute sa place à l'individu, fonctionnaire ou agent non titulaire, en prenant en compte son potentiel s'avère être l'élément-clé. L'agent public développe sa motivation et ses performances pour l'institution dans laquelle il travaille.
L'ambition est de passer d'une fonction publique cloisonnée, gérée de façon peu personnalisée et peu responsabilisante à une fonction publique attractive, mobile et performante.

2 LES FACTEURS DE L'ÉVOLUTION

L'impératif de modernisation s'est imposé aux pouvoirs publics dès le début des années 1980. De multiples facteurs expliquent, justifient cette évolution, cette révolution souvent silencieuse mais toujours en chantier.

A. La nouvelle donne économique

L'ensemble des administrations sont confrontées aux mêmes contraintes, à savoir la gestion de la rareté des ressources financières. Avec la crise économique, les évolutions du temps de travail et le resserrement de la contrainte budgétaire dessinent un cadre de gestion dans lequel les gains d'efficacité doivent résulter davantage d'une dynamique de mobilisation interne que de moyens supplémentaires. Il ne faut pas oublier que les dépenses en matière de personnel représentent souvent pour les administrations l'un des postes les plus importants de leurs dépenses (*cf.* p. 189 et 191). Par ailleurs, la nécessaire réduction des déficits publics (en particulier de l'État) impose une politique de maîtrise voire de réduction de la croissance des coûts, notamment ceux liés à la masse salariale (rémunérations et pensions).
En lien avec un environnement économique peu favorable, l'administration a intégré un nombre important de candidats surdiplômés au regard des corps de recrutement et des missions confiées, des agents remettant en cause le modèle traditionnel de l'administration hiérarchisée contrainte par le corset des statuts et le poids des traditions de gestion.

B. Les nouvelles exigences des usagers

L'administré-sujet contraint d'appliquer les règles est devenu un citoyen revendiquant le respect de ses droits, un client attentif à la qualité et au coût du service rendu, un usager dans l'attente de prestations supplémentaires (équipements de proximité, prestations sociales, qualité de l'environnement...).

C. La décentralisation et la déconcentration

Parallèles, ces deux mouvements opérés depuis 1982 ont conduit à un rapprochement de l'administration et de l'administré/usager. L'article 15 de la Déclaration des droits de l'homme et du citoyen de 1789 énonçant que « la Société a le droit de demander compte à tout agent public de son administration » a ainsi retrouvé une actualité. Les responsables publics sont en effet jugés au travers de ce qu'ont pu faire l'ensemble des agents de leur administration, notamment ceux qui sont au contact du public. Le transfert de pouvoirs de gestion à de plus petites unités administratives a permis de contourner également les lourdeurs procédurales, le caractère mécanique des décisions d'une administration centralisée, l'incapacité à développer une réactivité suffisante aux changements de l'environnement.

La décentralisation et les vastes transferts de compétences, de charges et de moyens qu'elle a suscités a en particulier participé à cette évolution du mode de gestion des ressources humaines. Les nouvelles générations d'élus, de cadres territoriaux confrontées à une relation directe avec l'usager/électeur ont introduit progressivement une nouvelle forme de management, plus soucieuse du rapport coût-efficacité, de la performance des actions publiques. Les chambres régionales des comptes, créées en 1982 pour contrôler les comptes et la gestion des collectivités décentralisées, ont apporté leur contribution à cette évolution.

D. La réforme budgétaire de l'État

La loi organique relative aux lois de finances, votée en 2001 (cf. p. 190), définit un nouveau cadre, support d'une profonde réforme de la gestion publique, au moyen d'un engagement sur des objectifs et d'une responsabilisation des gestionnaires. La nouvelle constitution financière est fondée sur le principe d'une budgétisation non plus par nature de dépenses, mais orientée vers les résultats à partir d'objectifs définis. Les crédits sont spécialisés par programmes qui regroupent les crédits destinés à mettre en œuvre une action ou un ensemble cohérent d'actions relevant d'un même ministère et auxquels sont associés des objectifs précis, définis en fonction de finalités d'intérêt général, ainsi que des résultats attendus et faisant l'objet d'une évaluation.

Au sein d'un programme, le gestionnaire dispose d'une liberté quasi totale pour redéployer les crédits entre les titres. Mais cette globalisation et liberté de gestion des crédits ont pour corollaire un certain nombre de contreparties exigées, les gestionnaires de programmes devant s'engager sur des objectifs, rendre compte chaque année des résultats obtenus, et justifier l'emploi de leur budget au premier euro. Les termes de programme, de performance, d'indicateurs de résultats et d'évaluation font leur apparition dans le droit budgétaire et ne peuvent qu'impacter la gestion des ressources humaines.

E. La perméabilité public/privé

La doctrine du service public géré exclusivement par des personnes publiques a vécu. Le développement spectaculaire des marchés publics, le recours parfois massif aux agents contractuels, les politiques de privatisation, les délégations de service public ont donné du corps à un partenariat public/privé incontournable. Ce faisant, et tout en conservant leurs spécificités, les administrations publiques ont intégré et continuent d'intégrer des schémas de pensée, des outils de gestion du personnel issus du privé.

F. L'évolution démographique

Une administration ne peut ignorer aujourd'hui le défi que représente l'adaptation de l'emploi au vieillissement de la population active. Les fonctionnaires sont de plus en plus nombreux chaque année à partir à la retraite. Ainsi, entre 2001 et 2016, plus de 900 000 fonctionnaires ont cessé leurs fonctions dans les services civils de l'État, avec pour conséquence une perte de compétences et de mémoire des dossiers devant conduire à organiser en interne la transmission des savoirs. Les administrations doivent donc réfléchir aux compétences dont elles auront besoin dans cinq à dix ans. Cela impacte les recrutements, mais aussi la formation des agents en fonction. Parallèlement, la population active ne devrait plus s'accroître, générant des tensions sur un marché du travail concurrentiel (rareté des ressources sur certains secteurs). La fonction publique va devoir encore renforcer son attractivité. Enfin le vieillissement de la pyramide des âges des agents impose une réflexion sur l'évolution des métiers et des postes de travail reconnus comme fatigants. Certains agents techniques en fin de carrière doivent ainsi être réorientés vers des postes administratifs.

G. L'accélération du changement

Sous l'effet des évolutions économiques, sociales et technologiques (technologies de l'information et de la communication notamment), les organisations doivent s'adapter en permanence. Aujourd'hui, peu d'agents auront l'opportunité et/ou l'envie d'exercer le même métier tout au long de leur vie professionnelle. La formation professionnelle tout au long de la vie, les outils d'une mobilité constituent ainsi des axes forts d'une gestion rénovée.

3 Les caractéristiques de la GRH

Outre la dimension individuelle (passer d'une gestion de masse quantitative à une gestion qualitative et personnalisée) déjà signalée, il convient ici de s'arrêter sur trois données-clés de la politique de gestion des ressources humaines.

A. Une gestion prévisionnelle, prospective

La gestion prévisionnelle conduit à intégrer le facteur temps dans la gestion des ressources humaines. Il s'agit, lors des décisions actuelles, de se projeter dans l'avenir pour apprécier leurs conséquences et donc les mesures à prendre dès aujourd'hui ou demain pour en assurer la pleine efficacité. Le gestionnaire doit être en mesure de prévoir l'évolution des missions, d'anticiper les attentes du personnel et d'évaluer les besoins quantitatifs et qualitatifs de l'organisation pour mieux y répondre. La gestion prévisionnelle vise ainsi à accroître autant la réactivité de l'organisation que sa capacité d'anticipation.

Cette vision à long terme, reposant sur l'élaboration de plans d'action (schéma directeur de recrutement, plan de formation...) est d'autant plus importante que le statut de la fonction publique offre une garantie d'emploi à l'agent du fait de la distinction du grade et de l'emploi. Le recrutement est ainsi un investissement humain à long terme dont tout gestionnaire doit tenir compte.

Le tableau page suivante illustre la diversité et la complexité des composantes d'une véritable gestion prévisionnelle des ressources humaines qui prend en compte tant la gestion quantitative (GPE, gestion prévisionnelle des emplois) que qualitative (GPEC, gestion prévisionnelle des emplois et des compétences).

LES 3 NIVEAUX DE LA GESTION PRÉVISIONNELLE DES RESSOURCES HUMAINES	
BESOINS	• ***1er niveau : la GPRH est une démarche prospective et stratégique.*** **Il s'agit** d'être capable d'appréhender les situations de travail sur un mode prospectif, **d'éclairer le futur** : comment l'environnement de l'organisation est-il susceptible d'évoluer ? En quoi cela peut-il affecter les missions de l'organisation, ses modes d'action, son organisation ? **Mais le futur n'est pas une donnée : il dépend des choix stratégiques qui sont faits :** comment l'organisation souhaite-t-elle évoluer ? De quelles ressources humaines aura-t-elle besoin pour assumer ses choix ? Quels scénarios peut-on envisager ? D'où la notion de **gestion prévisionnelle stratégique** fondée sur des scénarios à 10-15 ans.
RESSOURCES	• ***2e niveau : la GPRH est une démarche quantitative et qualitative.*** **Il s'agit de bien connaître quantitativement ses ressources actuelles pour pouvoir répondre à la question « combien ? » :** Combien de départs/de recrutements, et à quelle échéance ? **Mais la connaissance des effectifs doit également être qualitative pour pouvoir répondre à la question « qui ? ».** De quels emplois et quelles compétences aura-t-on besoin demain ? Qui partira et qui recrutera-t-on ? D'où la notion de **gestion prévisionnelle de la ressource actuelle.** Fondée sur l'observation historique des tendances démographiques, elle consiste à analyser l'existant et à faire des prévisions sur son évolution naturelle quantitative mais également qualitative. Elle fait appel à la fois aux **outils de GPE (gestion quantitative) et de GPEC (gestion qualitative).**
ADÉQUATION	***3e niveau : la GPRH est une démarche opérationnelle.*** Il s'agit de **mobiliser l'ensemble des leviers d'ajustement pour s'adapter aux évolutions futures** : Quelle mobilité/formation pour faciliter l'adéquation besoins/ressources ? Il s'agit également d'**adapter l'organisation du travail** : comment tirer parti des évolutions techniques et technologiques pour accroître les gains de productivité et améliorer la performance de l'organisation ? Il s'agit enfin de **renforcer l'attractivité de l'organisation** : comment mieux répondre aux aspirations des agents ? Comment mieux évaluer leurs performances/les récompenser ? Comment mieux évaluer leurs compétences/les adapter ? D'où la notion de **gestion prévisionnelle opérationnelle** fondée sur la définition et la mise en œuvre de plan à trois ans, découlant de la prise en compte des 2e et 3e niveaux.

Source : « *La gestion des ressources humaines, élément de performance des administrations publiques* », extrait d'un rapport de séminaire ENA, 1999.

B. Une gestion des emplois et des compétences

La fonction publique repose, sur le plan juridique, sur un statut dont la mise en œuvre est fonction du corps (ou cadre d'emplois) d'appartenance de l'agent, du grade et de l'échelon auquel il est classé. Ces données déterminent les bases de sa gestion administrative, son droit à carrière et à mobilité, ses modalités de rémunération. Les concours d'entrée (externes) exigent la possession d'un diplôme et reposent encore en grande partie sur des exigences de connaissances théoriques (épreuves à forte connotation scolaire ou universitaire).

L'approche statutaire ignore donc des données telles que les fonctions, métiers exercés ou compétences requises, autant de réalités concrètes et essentielles que se propose d'intégrer une véritable gestion des ressources humaines.

Les trois fonctions publiques se sont en conséquence tournées vers une approche dite métier et compétences. Elles ont élaboré des répertoires de métiers pour disposer d'une image plus précise des activités exercées (activités regroupées par métiers) et des compétences requises. Dans ce cadre, le métier peut être défini comme « un ensemble d'emplois liés par une même technicité, présentant un noyau dur commun d'activités (ensemble cohérent d'actions professionnelles identifiées) et requérant des compétences (combinaison des savoirs, savoir-faire et qualités mobilisés en situation de travail) proches » (définition du répertoire des métiers CNFPT). Partant de cette base, un même métier peut être exercé par un agent de catégorie C, B voire A : le positionnement juridique dépend alors du niveau de technicité plus ou moins élevé des fonctions exercées et de l'exercice ou non de fonctions d'encadrement plus ou moins larges.

Ce travail d'identification (qu'il convient de préciser en fonction des caractéristiques de l'administration concernée) permet ainsi aux gestionnaires d'exprimer plus concrètement leurs besoins, la nature des postes à pourvoir, la mise en relation avec le profil des candidats. Ainsi le recrutement ne se limite plus à une simple opération administrative de sélection par le concours sur la base d'un poste budgétaire défini par un statut juridique. Il suppose la définition préalable d'un profil de poste, de fonctions, de compétences requises, définition constituant les critères de sélection de l'agent recruté. Ces outils combinés (référentiels nationaux, fiches de poste locales) fournissent un éclairage sur les parcours professionnels, la mobilité proposée, et constituent un outil d'évaluation du niveau atteint par l'agent et de l'effort de formation éventuel à accomplir.

1

MÉTIER

INSTRUCTRICE / INSTRUCTEUR DES AUTORISATIONS D'URBANISME

FAMILLE - URBANISME ET AMÉNAGEMENT

DOMAINE D'ACTIVITÉS - POLITIQUES PUBLIQUES D'AMÉNAGEMENT ET DE DÉVELOPPEMENT TERRITORIAL

Correspondance ROME	E/M M1605	Assistanat technique et administratif
Correspondance RIME	E/M FPETD007	Instructeur d'autorisations administratives

INSTRUCTRICE / INSTRUCTEUR DES AUTORISATIONS D'URBANISME

MÉTIER

Définition	**Instruit les demandes d'autorisation en matière d'urbanisme au regard des règles d'occupation des sols au sens du code de l'urbanisme. Peut procéder à la vérification et au contrôle de la conformité des constructions et des aménagements avec les autorisations délivrées par la collectivité (sous réserve d'assermentation)**
Autres appellations	• Instructrice / Instructeur de permis de construire • Instructrice / Instructeur des autorisations d'occupation et d'utilisation du sol
Facteurs d'évolution	• Développement des politiques publiques d'aménagement transversales, durables et intégrées (articulation avec l'habitat, les transports, l'économie, l'environnement, les interventions techniques, voire la politique de la ville) • Intégration de la dimension environnementale, du développement des énergies renouvelables et prise en compte de la prévention des risques naturels et technologiques • Évolution des financements de l'aménagement et de l'urbanisme • Spécialisation et complexification de l'environnement juridique • Multiplication des contentieux en urbanisme • Développement des organisations transversales et des logiques de coopération et de partenariat • E-administration : dématérialisation des procédures • Perspectives de mutualisation des instructions dans le cadre de l'intercommunalité
Situation fonctionnelle	• Commune, structure intercommunale • En fonction de la taille de la collectivité, rattaché à un service urbanisme ou à un service technique
Conditions d'exercice	• Travail en bureau ; déplacements sur le territoire de la collectivité
Spécialisations / Extensions	• Police administrative liée aux procédures de péril, application du règlement de publicité • Gestion des déclarations d'intention d'aliéner (DIA)
Autonomie et responsabilités	• Encadrement possible d'une équipe d'instructeurs • Respect des procédures et des délais réglementaires et rigueur dans la gestion des autorisations du droit des sols
Relations fonctionnelles	• Travail en collaboration avec les chefs de projets urbains • Relations avec les services techniques, infrastructures et réseaux et, le cas échéant, l'architecte conseil de la collectivité • Relations avec les élus, les personnes publiques associées, services et commissions intéressés pour lesquels un avis, accord ou décision est sollicité au titre de l'instruction (services déconcentrés de l'État, architecte des bâtiments de France, etc.)
Moyens techniques	• Technologies de l'information et de la communication, logiciels métiers SIG, plans, cadastre
Cadre statutaire	• Cadre d'emplois : Techniciens territoriaux (catégorie B, filière Technique) • Cadre d'emplois : Adjoints techniques territoriaux (catégorie C, filière Technique) • Cadre d'emplois : Rédacteurs territoriaux (catégorie B, filière Administrative) • Cadre d'emplois : Adjoints administratifs territoriaux (catégorie C, filière Administrative)
Conditions d'accès	• Concours externe et interne avec conditions de diplôme et/ou examen d'intégration en fonction du cadre d'emplois, concours troisième voie
Activités techniques	• Instruction des déclarations et demandes d'autorisation d'urbanisme • Gestion administrative et fiscale des autorisations d'urbanisme • Contrôle de la régularité des constructions et des aménagements réalisés • Accueil et information des pétitionnaires et du public
Activités spécifiques	• Pré-instruction dans le cadre de l'évolution des compétences entre communes et EPCI • Participation à l'élaboration des documents d'urbanisme

Fiche n° 04/B/10

Centre national de la fonction publique territoriale

ACTIVITÉS/COMPÉTENCES TECHNIQUES

SAVOIR-FAIRE

Instruction des déclarations et demandes d'autorisation d'urbanisme

- Lire et analyser différents types de plans et documents d'urbanisme
- Appréhender un projet sur le terrain
- Lancer les consultations et synthétiser les avis des experts
- Vérifier la conformité des demandes d'autorisation du droit des sols
- Veiller au respect des règles d'accessibilité
- Suivre l'évolution de la réglementation

Gestion administrative et fiscale des autorisations d'urbanisme

- Délivrer les autorisations et certificats d'urbanisme
- Rédiger des actes de procédures et des décisions administratives
- Formuler des propositions dans le cadre de la révision des documents d'urbanisme
- Gérer la fiscalité en fonction des autorisations délivrées
- Faire procéder au recouvrement des participations d'urbanisme
- Assister le service juridique dans la gestion des contentieux administratifs
- Réaliser le suivi statistique

Contrôle de la régularité des constructions et des aménagements réalisés

- Vérifier la conformité des constructions et aménagements
- Constater et poursuivre les infractions
- Préparer des arrêtés interruptifs de travaux

Accueil et information des pétitionnaires et du public

- Accueillir le pétitionnaire ou le maître d'ouvrage
- Orienter les pétitionnaires et le public vers les services compétents (autres services de la collectivité, ABF, CAUE)

SAVOIRS

> SAVOIRS SOCIOPROFESSIONNELS Acteurs
- du champ de l'urbanisme
- Code de l'urbanisme, de la construction, de l'environnement
- Droit civil (droit de la propriété, etc.)
- Carte communale POS/PLU, plans de construction, cadastre
- Principes de l'intégration paysagère et de la qualité architecturale des projets Techniques
- de représentation spatiale Terminologie du
- bâtiment, du génie civil, de la voirie et réseaux divers
- Notions de construction des ouvrages Fiscalité
- de l'urbanisme
- Outils de répression du code de l'urbanisme (mise en demeure, etc.)

> SAVOIRS GÉNÉRAUX
- Techniques de résolution de conflits

ACTIVITÉS/COMPÉTENCES TRANSVERSES

RELATION À L'USAGER Code NSF T1 • Accueil des usagers

C. Une gestion partagée des ressources humaines

La mise en œuvre d'une véritable GRH supposant un contact plus rapproché entre les acteurs, une gestion plus individualisée des parcours, une connaissance détaillée des besoins de l'organisation, tous les niveaux d'encadrement, mais plus précisément les chefs de service, sont de plus en plus associés à la GRH. Leurs capacités d'actions et leurs résultats sont en effet en grande partie déterminés par les compétences et les motivations de leurs agents. Impliqués, ils sont plus à même d'expliquer et d'impulser les projets RH, de faire remonter les besoins du service et les attentes des agents, d'intégrer la dimension RH dès l'élaboration des actions opérationnelles qui relèvent de leur champ d'intervention.

Sont également déléguées aux services opérationnels les missions répétitives que ces services, au plus près des agents, rempliront avec davantage de précision (gestion des absences, congés et déplacements, formation). Dans les grandes organisations, des correspondants, des relais RH sont nommés, pour dans chaque direction constituer un premier relais d'information pour les agents et les cadres, participer à l'élaboration et la mise en œuvre de projets de service en intégrant la dimension RH.

4 LES COMPOSANTES DE LA FONCTION RESSOURCES HUMAINES

La fonction ressources humaines doit être appréhendée dans sa globalité. Schématiquement, quatre grands domaines d'action peuvent être identifiés permettant de prendre en charge l'agent dans toutes ses dimensions, professionnelle et personnelle, individuelle et collective. Les deux premiers domaines font l'objet de développements complémentaires dans la fiche 10.

A. La gestion statutaire, administrative

Cette fonction, base et support historique de la GRH, est constituée de l'ensemble des tâches liées aux aspects juridiques et administratifs depuis le recrutement jusqu'au départ de l'agent.

B. La gestion et le développement des ressources humaines

Cette fonction chargée de doter l'organisation des compétences requises intègre de multiples aspects tant de gestion collective (suivi et gestion prévisionnelle des emplois et des compétences) qu'individuelle (recrutement, évaluation, formation, mobilité et perspectives d'évolution, rémunération...).

Depuis 2013, les pouvoirs publics ont, dans ce cadre, développé une politique visant notamment à assurer l'égalité professionnelle entre hommes et femmes. En effet, la fonction publique compte 61 % de femmes dans ses effectifs, toutefois l'on constate le maintien de la spécialisation selon les sexes des différents métiers et la permanence de la sous-représentation des femmes au sein de l'encadrement supérieur.

C. L'organisation du travail et la vie au travail

Il s'agit ici de prévoir la division horizontale et verticale du travail (définition de la structure organisationnelle, des responsabilités des encadrants, gestion des délégations...). Tout en conservant une structuration hiérarchique, les organisations, de plus en plus, renoncent à une organisation purement pyramidale, à une stricte séparation des fonctions de conception et d'exécution. La recherche d'une cohérence entre la gestion de la structure (nécessité d'une division des activités et d'une autorité décisionnelle) et les aspirations de l'agent (diversité des missions, des responsabilités) est au cœur de la réflexion sur la modernisation de l'organisation du travail dans les administrations publiques.

Il s'agit également d'organiser la gestion du temps de travail, des espaces, des conditions de travail (hygiène, ergonomie, sécurité). Cette dernière composante prend notamment en compte la santé physique, morale et psychologique des personnels, l'action sociale (aides personnelles, garde d'enfants, logement...). Les conditions de travail influencent en effet fortement la santé et la motivation des hommes au travail ainsi que leurs performances professionnelles et leur qualité de vie. Leur amélioration constitue un avantage social mais également économique.

C'est dans cette perspective que le Gouvernement a engagé une négociation avec les organisations syndicales en vue d'aboutir à la signature d'un accord cadre sur la qualité de vie au travail : une notion « qui renvoie à des éléments multiples, qui touchent les agents individuellement comme collectivement et permettent, à travers le choix des modalités de mise en œuvre de l'organisation du travail, de concilier la qualité des conditions de vie et de travail des agents et la qualité du service public. L'amélioration de la qualité de vie au travail est une démarche qui regroupe toutes les actions permettant d'assurer cette conciliation. Il s'agit d'un processus social permettant d'agir sur le travail (contenu, organisation, conditions, contexte) à des fins de développement des personnes et des services. » (Extrait du projet d'accord cadre 2015). C'est également à ce titre que les pouvoirs publics cherchent à développer le télétravail.

D. Les relations sociales et la politique de communication

Cette fonction intègre tout d'abord ce qu'il est convenu d'appeler le dialogue social entre les représentants de l'employeur et du personnel (au travers notamment des instances paritaires – CAP traitant des carrières individuelles, CT traitant de l'organisation collective du travail et CHSCT traitant de l'hygiène, de la sécurité et des conditions de travail –) et l'association (consultative) des syndicats à la définition nationale et négociée du cadre statutaire.

Mais cette fonction prend également en compte, et de plus en plus, la nécessité d'un dialogue au sein des services, d'une politique de communication, d'échange d'information, ascendante, descendante et horizontale. L'information donnée aux membres du groupe, le développement de la transparence, de l'association aux décisions ne peut que renforcer l'adhésion des agents aux objectifs de la collectivité et la légitimité des décisions individuelles.

À CONSULTER

www.fonction-publique.gouv.fr
Voir dans les publications la collection «Outils de la GRH » « les essentiels » :
Voir la nomenclature FaPFP de familles de métiers de la fonction publique.

La GRH dans la fonction publique, S. Maury, La Documentation française, 2014.

www.cnfpt.fr/Répertoire des métiers

Le cadre : notions et fonctions

1 Notions

A. L'histoire d'un terme : une définition en apparence simple

Cette notion, héritée des institutions militaires et réapparue dans les années 1930, définit le regroupement professionnel (et de fait social) des personnes qui au sein de l'entreprise, par leur origine (diplôme du supérieur) et leur positionnement (commandement : direction et surveillance) se distinguent des dirigeants de l'entreprise et des salariés chargés de simples fonctions d'exécution. Dans le droit privé, cette notion recèle une importance capitale dans la mesure où elle a contribué, par exemple, à déterminer des règles spécifiques de rémunération, de temps de travail, ou de protection sociale (caisses complémentaires de retraite).

B. Un statut de la fonction publique peu éclairant

Cette classification, officialisée en droit français en 1945 à des fins de statistique, a inspiré le premier statut général des fonctionnaires de 1946, regroupant les agents en quatre catégories (A,B,C et D), la catégorie A correspondant aux cadres.
Pour autant, le terme n'apparaît que fort peu dans les statuts qui lui préfèrent la référence à la fonction d'encadrement et ne limitent d'ailleurs pas cette fonction aux seuls agents de catégorie A comme en témoignent ces extraits tirés de la définition des emplois exercés par les membres des corps concernés :
– statut des administrateurs civils de l'État, relevant de la catégorie A : « [...] ils exercent, sous l'autorité des directeurs généraux et des directeurs d'administration centrale, des fonctions de conception, de mise en œuvre et d'évaluation des politiques publiques, en assurant notamment l'encadrement, l'animation et la coordination des services ») ;
– statut des agents de maîtrise relevant de la catégorie C : « [...] ils sont chargés de missions et de travaux techniques comportant notamment le contrôle de la bonne exécution de travaux [...] ou l'encadrement de fonctionnaires appartenant aux cadres d'emplois techniques de catégorie C. Ils peuvent également participer à la direction et à la réalisation des travaux [...] nécessitant une expérience et une compétence professionnelle étendues ».
Ces deux exemples situés aux deux « extrémités » du statut illustrent la nécessité d'abandonner la référence au corps (ou cadre d'emplois) ou au grade pour définir le cadre et de lui préférer le critère de la fonction, même si on relèvera que les fonctions d'encadrement font naturellement partie des fonctions d'un agent de catégorie A alors qu'il s'agit d'une possibilité pour les agents de catégorie C.

2 Fonctions

A. Les cadres : une réalité multiforme

1. L'éclatement de la fonction

De multiples facteurs ont contribué à l'éclatement de la fonction de cadre conduisant de nombreux agents de catégorie B, voire C, à se trouver en situation d'encadrer. Le principe de la séparation du grade et de l'emploi conjugué à la croissance et à la complexification des organisations administratives ont brouillé les frontières. Les frontières ont été également effacées par les nouveaux modes de gestion, de direction des organisations, remettant en cause une vision simplement pyramidale, hiérarchique des rapports entre supérieurs et subordonnés, entre personnel d'exécution et personnel d'encadrement. L'introduction des politiques de gestion des ressources humaines privilégiant la gestion de proximité n'a fait qu'accélérer cette évolution.

2. Les quatre catégories de cadres

Les différentes politiques ont fait émerger quatre types de cadres, en précisant que bien entendu cette typologie diffère fortement d'une administration à une autre, notamment en fonction de sa taille : quoi de comparable en effet entre une commune de 800 habitants employant treize agents et le ministère de l'Éducation nationale employant près d'un million d'agents ?

- **Les cadres dirigeants ou supérieurs**

Il s'agit du directeur général (ou directeur général des services ou secrétaire général) ou des cadres (directeur des ressources humaines, directeur des douanes...) situés tout en haut de la hiérarchie, à proximité de la hiérarchie politique et en charge de l'intégralité de la gestion des composantes majeures de l'organisation. Pour ce faire, ils disposent d'un haut degré d'autonomie, et leur action donne la priorité à la réflexion et à la définition des stratégies et des modes de fonctionnement de l'organisation, à l'évaluation des politiques publiques. Leur rôle est de mettre en œuvre les projets des dirigeants politiques, d'assurer la cohérence de l'action d'ensemble avec une fonction forte d'arbitrage. Ces postes sont pourvus par des fonctionnaires de catégorie A ou des contractuels (communes de plus de 80 000 habitants, départements et régions).

- **Les cadres intermédiaires**

Ils ont la responsabilité d'un secteur d'activité, d'une partie de l'organisation. Ils disposent d'une autonomie relative pour la mise en œuvre des stratégies définies par le niveau supérieur de l'organisation (fixation d'objectifs, intervention dans le processus de gestion des ressources humaines...). Ils participent à la détermination des ressources nécessaires au fonctionnement de leur service et ont une autonomie de gestion de ces ressources (formation et évaluation des personnels, gestion du budget). Ces postes sont confiés à des fonctionnaires de catégorie A ou B.

• **Les cadres de proximité**
Souvent agents de catégorie B, voire C (agents de maîtrise...), ils assurent la gestion au quotidien d'une équipe (répartition et coordination des tâches, suivi et contrôle des activités, gestion des absences, des urgences). Chargés de relayer le message de la hiérarchie supérieure, administrative et politique, ils ne disposent que d'une faible marge d'autonomie dans la mise en œuvre des décisions de la hiérarchie.

• **Les cadres de projet et/ou cadres expert**
Ils sont chargés d'une mission spécifique, permanente ou temporaire, (contrôleur de gestion, chargé du contentieux, du développement durable...), leurs fonctions n'étant pas systématiquement associées à des responsabilités hiérarchiques. Ce sont souvent des fonctionnaires de catégorie A ou des contractuels qui occupent ces postes.

B. L'encadrement : l'unité de la fonction

Cette classification (toute relative) et cette diversité des positionnements dans l'organisation d'une administration ne doivent cependant pas faire oublier l'unité des missions du cadre. Celui-ci est chargé de gérer des moyens (service, agents, budget), de mettre en adéquation ces moyens et les résultats attendus par sa hiérarchie, et de concilier les aspirations des agents et les besoins de la collectivité.

Pour ce faire, le cadre :
– participe, est associé (plus ou moins étroitement) à la définition des politiques, des actions et des moyens mis en œuvre dans sa structure d'emploi ;
– dispose d'une marge de manœuvre (plus ou moins large) dans la direction de cette structure ;
– assure (en totalité ou en partie) la gestion du personnel et dispose en particulier d'un pouvoir d'organisation, de coordination du travail, d'instruction et de contrôle de l'action des agents qu'il encadre.

C. Du cadre au manager : quelles qualités ?

La notion de cadre est une exception française, inexistante dans les pays anglo-saxons qui lui préfèrent la notion de *manager*. Le terme vient de « ménager », vieux mot français signifiant « disposer avec harmonie ». Il renvoie aujourd'hui à un mode de gestion, de direction d'une équipe que le cadre doit faire vivre en harmonie.

L'encadrant, le manager est un régulateur. Il n'est pas seulement chargé de décider, de commander, de sanctionner, il doit aussi et surtout, animer, faire vivre une équipe, mobiliser, motiver des Hommes et développer leurs compétences au service de la collectivité.

Cela requiert de multiples qualités que les membres du jury vont chercher à déceler en vous posant par exemple la question : quelles sont selon vous les qualités d'un manager (ou d'un cadre) ? Les éléments qui suivent ne prétendent pas épuiser la liste, mais vous indiquent quelques pistes pertinentes de réponse :
– **la capacité d'écoute et d'explication :** le dialogue, la communication donne du sens à l'action, le cadre doit être un pédagogue ;
– **la disponibilité, le sens du contact humain, l'attention portée aux personnes pour adapter son comportement en fonction des individualités :** la fonction nécessite une grande capacité d'adaptation, de souplesse ;
– **l'aptitude à déléguer, à favoriser la prise d'initiative de ses subordonnés :** cela permet d'être plus efficace sur le terrain, les agents se sentant valorisés par la confiance qu'on leur accorde ;
– **l'aptitude à définir les objectifs et les moyens à mettre en place pour un service, un agent :** donner du sens, c'est fixer des objectifs, que chacun sache ce qu'il a à faire et dans quels délais ;
– **la capacité à évaluer des Hommes, des actions, à repérer le potentiel des agents, à identifier leurs savoir-faire, leurs lacunes, leurs aspirations, les facteurs de démotivation :** une administration est un « organisme vivant » qu'il faut savoir faire évoluer, collectivement et individuellement ;
– **l'aptitude à savoir choisir, arbitrer, décider voire sanctionner si cela est nécessaire :** il faut assumer le fait de diriger, même si le style participatif doit être préféré au style hiérarchique et purement directif.

À toutes ces qualités, il convient d'ajouter les compétences professionnelles. Pour être crédible, un cadre, un manager doit, sans obligatoirement être un expert, disposer de connaissances qui lui permettront de légitimer son action auprès de ses supérieurs et de ses subordonnés.

Les outils statutaires de la gestion des ressources humaines

Le statut de la fonction publique est souvent présenté comme un frein à une gestion efficace des ressources humaines dans l'administration. Les innovations mises en place dans de nombreuses administrations témoignent que l'explication au blocage doit peut-être être davantage recherchée dans le poids des corporatismes, des habitudes collectives et des comportements individuels. La crainte de relations directes avec les agents, les comportements d'évitement de la confrontation ont ainsi longtemps fondé une gestion des carrières et des primes à l'ancienneté : un critère plus simple, une justification naturelle et objective, moins conflictuelle suscitant moins d'implication personnelle de l'encadrant et la garantie du respect du principe d'égalité.

S'il est vrai que certains éléments peuvent apparaître comme contraignants et demanderaient à être modernisés, il n'en demeure pas moins qu'avec les nombreuses réformes opérées depuis l'édiction du statut actuel (les lois de 1983 et 1984 ont été modifiées plus de cinquante fois), la fonction publique recèle de multiples outils efficaces pour une gestion dynamique et innovante, souvent peu ou pas exploités par les gestionnaires. Les textes les plus récents, notamment la loi du 2 février 2007 sur la modernisation de la fonction publique et ses décrets d'application, donnent de la souplesse tant à l'employeur qu'à l'agent dans trois domaines essentiels : la gestion des carrières, la formation et la rémunération.

1 LA GESTION DES CARRIÈRES

A. Un droit à carrière subordonné à une appréciation de l'autorité d'emploi

Si l'on excepte l'avancement d'échelon à la durée maximale qui est de droit, qui s'impose donc à l'autorité d'emploi, celle-ci détient toute latitude pour décider de faire ou non progresser l'agent dans sa carrière. Ce pouvoir de choix, même s'il est encadré par le statut (qui précise notamment les conditions d'ancienneté à remplir et parfois l'exigence de la réussite à un examen professionnel) et la jurisprudence du juge administratif sont réels. Ce choix concerne aussi bien l'avancement à l'intérieur du corps ou cadre d'emplois (avancement d'échelon et de grade) que la carrière par changement de corps ou cadre d'emplois (promotion interne).

1. L'avancement d'échelon dans le cadre du grade

L'avancement d'échelon est fonction de l'ancienneté. Cependant, les statuts particuliers des corps ou cadres d'emplois peuvent prévoir des bonifications d'ancienneté liées à la valeur professionnelle, permettant ainsi un avancement accéléré.

2. L'avancement de grade et la promotion interne

De la même façon, l'avancement de grade et la promotion interne se font au choix par voie d'inscription à un tableau annuel d'avancement ou une liste d'aptitude par appréciation de la valeur professionnelle de l'agent. La loi du 2 février 2007 a introduit un critère supplémentaire avec l'obligation de prise en compte des acquis de l'expérience professionnelle. S'agissant de l'avancement de grade, cette loi a supprimé le système des quotas réglementaires fixés par les statuts particuliers des corps et cadres d'emplois. De nouvelles responsabilités ont été confiées en ce domaine aux employeurs, puisqu'il leur appartient désormais de fixer librement le nombre de fonctionnaires susceptibles d'avancer au grade supérieur, en fixant un ratio maximum de promotion. Ce ratio s'applique aux agents qui peuvent être promus, c'est-à-dire remplissant les conditions réglementaires pour accéder au grade supérieur.

B. L'évaluation individuelle

L'ensemble des dispositions relatives à la carrière font ainsi appel à la notion de valeur professionnelle et permettent de lier la progression de carrière des agents à l'évaluation de leurs performances professionnelles et de leurs mérites. C'est dire l'importance que revêt l'appréciation de cette valeur pour une gestion dynamique des ressources humaines, d'autant que l'évaluation ne doit pas se réduire au simple objectif de carrière mais doit également permettre d'identifier efficacement les potentiels et les besoins, de déterminer les formations nécessaires à l'adaptation de l'agent à ses missions, et de moduler le régime indemnitaire.

La notation et les appréciations générales qui l'accompagnaient ont constitué depuis 1946 le mode d'expression de la valeur professionnelle. Mais cette procédure a connu une application qui lui a progressivement fait perdre toute signification. La surnotation et l'uniformité des progressions annuelles restent encore largement répandues tandis que les entretiens sont le plus souvent formels. Dans ces conditions, les compétences, l'investissement personnel et la capacité d'initiative des agents sont peu valorisés dans le déroulement de leur carrière, au profit du critère d'ancienneté.

Au cours des dernières années, les initiatives se sont multipliées dans chacune des fonctions publiques pour déterminer de manière plus précise le profil des agents, l'adéquation à leurs fonctions et leur valeur professionnelle. L'introduction des entretiens a représenté, de ce point de vue, un élément de rupture majeure entre l'ancienne approche très hiérarchique et les nouvelles tendances au dialogue. Cette

évolution s'est concrétisée par l'abandon progressif de la notation et de son remplacement par un entretien professionnel pour apprécier la valeur professionnelle des fonctionnaires. L'entretien professionnel, qui est l'occasion d'un dialogue avec le supérieur hiérarchique direct du fonctionnaire, porte principalement sur :
– les résultats professionnels obtenus par le fonctionnaire eu égard aux objectifs qui lui ont été assignés et aux conditions d'organisation et de fonctionnement du service dont il relève ;
– les objectifs assignés au fonctionnaire pour l'année à venir et les perspectives d'amélioration de ses résultats professionnels, compte tenu, le cas échéant, des perspectives d'évolution des conditions d'organisation et de fonctionnement du service ;
– la manière de servir du fonctionnaire ;
– les acquis de son expérience professionnelle ;
– les besoins de formation du fonctionnaire eu égard notamment aux missions qui lui sont imparties, aux compétences qu'il doit acquérir et aux formations dont il a bénéficié ;
– ses perspectives d'évolution professionnelle en termes de carrière et de mobilité.
Ces multiples composantes traduisent concrètement les liens entre l'évaluation et les principales décisions de gestion des ressources humaines, de la carrière à la formation en passant par la mobilité ou l'introduction du management par objectif.

2 LA FORMATION

La formation permet l'amélioration des savoirs et l'adaptation des compétences des agents à l'évolution des postes de travail (évolution de la réglementation, acquisition de nouveaux matériels, développement des nouvelles technologies….). Elle constitue un enjeu majeur de management et d'efficacité du service public et participe à la motivation des personnels, donc à leurs performances. Elle exprime la volonté d'un enrichissement des métiers, de développement du potentiel de la ressource humaine. Elle est donc désormais reconnue comme un véritable outil de l'accompagnement au changement, tant de l'organisation que des agents.

A. Une obligation et un droit pour les agents

La loi du 2 février 2007 a reconnu, dans le prolongement d'un dispositif déjà mis en place dans le secteur privé, un droit à formation professionnelle tout au long de la vie pour l'ensemble des agents publics. Elle vise à permettre aux agents d'exercer avec la meilleure efficacité les fonctions qui leur sont confiées durant l'ensemble de leur carrière, en vue de la satisfaction des besoins des usagers et du plein accomplissement des missions du service. Elle doit favoriser leur développement professionnel, leur mobilité ainsi que la réalisation de leurs aspirations personnelles.

La formation professionnelle tout au long de la vie comprend :
– des formations obligatoires : précisées par le statut particulier des corps ou cadres d'emplois, ces formations d'intégration entendent conférer aux fonctionnaires accédant à un grade les connaissances théoriques et pratiques nécessaires à l'exercice de leurs fonctions et la connaissance de l'environnement dans lequel elles s'exercent. Des formations dites de professionnalisation dispensées tout au long de la carrière ou à l'occasion de l'affectation dans des postes à responsabilité complètent le dispositif ;
– des formations facultatives parmi lesquelles la formation continue (suivie à l'initiative de l'agent ou de l'employeur) tendant à maintenir ou parfaire, compte tenu du contexte professionnel dans lequel ils exercent leurs fonctions, la compétence des agents en vue d'assurer leur adaptation immédiate au poste de travail, à l'évolution prévisible des métiers, le développement de leurs qualifications ou l'acquisition de nouvelles qualifications. Figurent également parmi les formations proposées la préparation aux examens et concours administratifs ou toute formation en vue de satisfaire à des projets personnels et professionnels.

B. Des modalités multiples de suivi

Parmi celles-ci, certaines doivent être précisées : le compte personnel de formation (CPF) et les nouveaux congés de formation.

Le CPF permet à tout agent de bénéficier d'un crédit d'heures (24 heures par an, dans la limite de 150 heures, droit majoré pour les agents de catégorie C dépourvus de qualification avec 48 heures par an dans la limite de 400 heures) pour suivre toute action de formation que l'action soit inscrite ou non au plan de formation de l'administration concernée.

Les agents disposent en outre de deux congés (durée ne pouvant excéder 24 heures du temps de service pour chaque congé) : le congé pour réalisation de bilans de compétences permettant aux agents d'analyser leurs compétences, aptitudes et motivations en vue de définir un projet professionnel et le congé pour validation des acquis de leur expérience (VAE) en vue de l'acquisition d'un diplôme, d'un titre à finalité professionnelle ou d'un certificat de qualification. À noter que la VAE doit être distinguée de la reconnaissance des acquis de l'expérience professionnelle (RAEP) permettant de remplacer certaines épreuves de concours d'accès en prenant en compte l'expérience.

Le congé de formation professionnelle n'a pas été créé en 2007. Mais il a été profondément rénové dans ses conditions d'octroi. Destiné aux fonctionnaires qui souhaitent étendre et parfaire leur formation en vue de satisfaire des projets professionnels ou personnels, il est d'une durée maximale de trois ans sur l'ensemble de la carrière de l'agent. Celui-ci perçoit, pendant une période limitée à un an, une indemnité mensuelle forfaitaire égale à 85 % de son traitement à la charge de son employeur. Le fonctionnaire qui bénéficie d'un congé de formation professionnelle s'engage à rester au service d'une des administrations publiques pendant une période dont la durée est égale au triple de celle pendant laquelle il a perçu les indemnités et, en cas de rupture de l'engagement, à rembourser le montant de l'indemnité à concurrence de la durée de service non effectuée.

C. Une obligation de planification pour l'employeur

L'obligation de planifier la formation permet aux employeurs de mieux définir leurs besoins dans une dynamique de gestion prévisionnelle des emplois et des compétences. En effet, ce plan ne doit pas se limiter à un simple catalogue des demandes individuelles des agents. La formation est un moyen d'accroître la professionnalisation des agents, d'accompagner leur projet de mobilité et de mettre en œuvre les projets de service pour la collectivité.

La formation, comme tout outil de GRH, doit prendre en compte les objectifs de l'organisation qu'elle rend lisible et organise dans le temps. C'est l'objet du plan de formation, annuel ou pluriannuel, qui est également l'un des moments du dialogue social, puisque ce plan doit recueillir l'avis du comité technique paritaire.

3 La rémunération

Même si la rémunération des fonctionnaires est très fortement contrainte par le cadre statutaire, il est cependant possible de différencier cette rémunération en intégrant des critères personnalisés.

A. Les mécanismes de gestion de carrière

La part essentielle et obligatoire de la rémunération, qualifiée de traitement indiciaire, est fonction du grade détenu et de l'échelon ayant été atteint, chaque échelon étant affecté d'un indice majoré dont la valeur est fixée par décret au plan national. Mais l'employeur peut décider du rythme de l'avancement et de l'augmentation du traitement. Il est cependant certain que dans ce cadre, la logique statutaire l'emporte sur la prise en compte de l'emploi, des fonctions occupées puisque le traitement est fonction du corps ou cadre d'emplois d'appartenance, du grade et de l'échelon détenus et non des fonctions exercées, de l'efficacité du service rendu.

B. Le régime indemnitaire

Il s'agit d'un complément de rémunération versé en contrepartie du service exécuté dans le cadre des fonctions. Ce complément peut faire l'objet d'une attribution modulée, individualisée par l'autorité d'emploi sur la base de critères prenant en compte les fonctions et résultats professionnels de agents.
Le régime indemnitaire s'est construit par une sédimentation successive de textes portant attributions de primes et indemnités diverses, initialement destinées à prendre en compte les fonctions exercées et/ou les sujétions de service particulières, des contraintes professionnelles. Depuis plusieurs années, les pouvoirs publics cherchent, outre une rationalisation, une simplification du « paysage indemnitaire » à intégrer les résultats (l'atteinte ou non d'objectifs fixés préalablement) et la manière de servir des agents.
Cette démarche a notamment débuté en 2009 avec la création de la prime de fonctions et de résultats (PFR). Elle se poursuit aujourd'hui avec l'institution du RIFSEEP ou régime indemnitaire tenant compte des fonctions, des sujétions, de l'expertise et de l'engagement professionnel, qui devient au 1er janvier 2017 le nouvel outil indemnitaire de référence en remplaçant la plupart des primes et indemnités existantes dans la fonction publique de l'État et territoriale (dont la PFR).
Ce régime comprend deux parts :
– l'indemnité de fonctions, de sujétions et d'expertise (IFSE), liée au poste de l'agent et à son expérience professionnelle : il s'agit d'une part fixe, versée mensuellement, déterminée en appréciant la place au sein de l'organigramme et les spécificités de la fiche de poste ;

– le complément indemnitaire annuel (CIA), lié à l'engagement professionnel (réalisation des objectifs) et à la manière de servir de l'agent, constatés sur la base de l'entretien professionnel annuel. Ce complément, versé en une ou deux fois, est facultatif. Son montant, fixé par l'autorité d'emploi dans le cadre des montants plafonds institués par les textes de référence, peut ainsi varier d'une année sur l'autre.

Si le montant de la part fonctionnelle a vocation à rester relativement stable dans le temps, le montant de la part individuelle attribuée à un agent est révisable d'une année sur l'autre, en fonction des résultats constatés dans le cadre de la procédure d'évaluation. En outre, tout ou partie de cette part peut être attribué sous forme d'un bonus annuel ou semestriel.

Cette forme d'intéressement individuel a été en 2010 complétée par une prime d'intéressement collectif. Il s'agit, dans ce cadre, de reconnaître et récompenser les performances d'une équipe, l'atteinte par celle-ci des objectifs, ici encore, préalablement fixés dans le cadre de projets de service.

Bien évidemment la pertinence, la légitimité de tels écarts de traitement entre agents et/ou entre services doit reposer sur une évaluation performante.

À CONSULTER

www.cdg35.fr
« Mieux connaître la gestion du personnel »
et « S'initier à la gestion du personnel : une série de fiches sur les outils de GRH dans la FPT ».

www.fonction-publique.gouv.fr
Rubrique « Publications »

Notes personnelles

Notes personnelles

Notes personnelles

Responsable d'édition : Géraldine de Saint Palais
Édition : Alexis Roume
Conception maquette : Marc et Yvette
Coordination artistique : Évelyn Audureau
Fabrication : Christine Aubert
Composition : CGI
Photo de couverture : gstockstudio/Fotolia
Illustrations : Hubert Blatz

ISBN 978-2-09-164997-9

Impression & brochage SEPEC - France
N° d'éditeur : 10240201
N° d'impression : 06601171191
Dépôt légal : Janvier 2018